# 山东馆藏文物精品大系

## 青銅器卷

山东省文物考古研究院　编

**伍**

# 战国篇

科学出版社

北　京

**图书在版编目（CIP）数据**

山东馆藏文物精品大系. 青铜器卷：全6册 / 山东省文物考古研究院编. -- 北京：科学出版社，2024. 9. -- ISBN 978-7-03-079541-0

Ⅰ. K872.520.2；K876.412

中国国家版本馆CIP数据核字第2024MB5447号

责任编辑：王琳玮／责任校对：邹慧卿
责任印制：肖　兴／书籍设计：北京美光设计制版有限公司

科 学 出 版 社 出版

北京东黄城根北街16号
邮政编码：100717
http://www.sciencep.com
北京华联印刷有限公司印刷
科学出版社发行　各地新华书店经销

*

2024年9月第　一　版　开本：889×1194　1/16
2024年9月第一次印刷　印张：118
字数：3 400 000

定价：2980.00元（全六册）
（如有印装质量问题，我社负责调换）

# 编委会

# 参编人员 （按照姓氏笔画排序）

丁一斐　丁露刚　于　勇　于法霖　万　菲　王　青　王　欣　王　勃　王　勇

王　敏　王　焕　王　滨　王　磊　王冬梅　王忠保　王相臣　王树栋　王昱茜

王倩倩　王淑芹　王新刚　王新华　王德明　尹传亮　尹秀娇　尹继亮　邓庆猛

史本恒　曲　涛　吕宜乐　任庆山　任妮娜　刘云涛　刘安鲁　刘好鑫　刘丽丽

刘洪波　刘鸿亮　齐向阳　衣可红　衣同娟　汲斌斌　阮　浩　孙　威　孙全利

孙名昌　孙建平　牟文秀　闫　鑫　苏　琪　苏建军　李　娟　李　晶　李　斌

李秀兰　李林璘　李建平　李顺华　李祖敏　李爱山　李景法　李翠霞　李慧竹

杨昌伟　杨晓达　杨海燕　杨淑香　杨锡开　肖守强　何绪军　宋少辉　宋文婷

张文存　张世林　张伟伟　张仲坤　张英军　张春明　张爱敏　张婷婷　张慧敏

陈　魁　陈元耿　陈晓丽　陈翠芬　昌秀芳　金爱民　周　丽　周　坤　郑建芳

郑德平　房　振　赵　娟　赵孟坤　赵常宝　胡　冰　胡可佳　柳建明　柳香奎

侯　霞　姜　丰　袁晓梅　耿　波　聂瑞安　徐义永　徐吉峰　徐倩倩　奚　栋

高　雷　郭　立　郭公仕　郭贤坤　桑声明　曹胜男　崔永胜　崔胜利　鹿秀美

阎　虹　梁　信　董　艺　董　涛　韩升伟　程　红　程　迪　傅吉峰　蔡亚非

颜伟明　潘雅卉　燕晴山　穆红梅　魏　萍

# 参编单位

| | | |
|---|---|---|
| 山东省文物考古研究院 | 山东博物馆 | 山东大学博物馆 |
| 孔子博物馆 | 济南市博物馆 | 济南市考古研究院 |
| 济南市长清区博物馆 | 济南市章丘区博物馆 | 济南市济阳区博物馆 |
| 济南市莱芜区博物馆 | 平阴县博物馆 | 青岛市博物馆 |
| 青岛市黄岛区博物馆 | 莱西市博物馆 | 胶州市博物馆 |
| 平度市博物馆 | 淄博市博物馆 | 齐文化博物院 |
| 临淄区文物考古研究所 | 桓台博物馆 | 沂源博物馆 |
| 枣庄市博物馆 | 滕州市博物馆 | 东营市历史博物馆 |
| 烟台市博物馆 | 海阳市博物馆 | 莱州市博物馆 |
| 蓬莱阁景区管理服务中心 | 栖霞市牟氏庄园管理服务中心 | 龙口市博物馆 |
| 长岛海洋生态文明综合试验区博物馆 | 招远市博物馆 | 潍坊市博物馆 |
| 潍坊市寒亭区博物馆 | 安丘市博物馆 | 昌乐县博物馆 |
| 昌邑市博物馆 | 高密市博物馆 | 临朐县博物馆 |
| 青州市博物馆 | 寿光市博物馆 | 诸城市博物馆 |
| 济宁市博物馆 | 济宁市兖州区博物馆 | 泗水县文物保护中心 |
| 嘉祥县文物旅游服务中心 | 邹城市文物保护中心（邹城博物馆） | |
| 泰安市博物馆 | 新泰市博物馆 | 宁阳县博物馆 |
| 肥城市博物馆 | 威海市博物馆 | 荣成博物馆 |
| 日照市博物馆 | 五莲县博物馆 | 莒州博物馆 |
| 临沂市博物馆 | 费县博物馆 | 蒙阴县文物保护中心 |
| 莒南县博物馆 | 兰陵县博物馆 | 平邑县博物馆 |
| 沂南县博物馆 | 沂水县博物馆 | 郯城县博物馆 |
| 菏泽市博物馆 | 巨野县博物馆 | 成武县博物馆 |
| 惠民县博物馆 | 邹平市博物馆 | 阳信县博物馆 |

# 凡　例

1.《山东馆藏文物精品大系·青铜器卷》为"山东文物大系"系列的组成部分，共六卷。第一卷：夏商篇；第二卷：西周篇；第三、第四卷：春秋篇；第五卷：战国篇；第六卷：秦汉篇。

2.本书所选器物，均由山东省内各文物收藏单位、考古机构提供，再由编者遴选。以出土器物为主，兼顾传世品；突出考古学文化代表性，兼顾艺术特色。所收资料截至2022年。所收照片、拓片除了各文物收藏单位提供的之外，有较多数量文物是编著单位专门到各收藏单位重新拍摄、拓取的；器物描述多数也经过编者的修改。

3.文物的出土地点尽量标注出当时的出土地点名称及现今的行政区划，可以具体到小地点的，使用最小地点名称。一些早年出土的文物，现在无法确定行政单位的，按照各收藏单位早年登记的地点。

4.文物的收藏单位以文物的实际所有单位为准。

5.关于器物的编辑排序、定名、时代等的说明。

编辑排序：首先，按照时代排序：岳石、商、西周、春秋、战国、秦、西汉、新莽、东汉。其次，在按时代排序的基础上，按器类排序：容器、乐器、兵器、车马器、工具、度量衡及其他等。每一卷的器物顺序参考《中国出土青铜器全集》，每一类器物的顺序也是按照时代排列，如果某种器物数量较多，先分类，每一类也是按照时代顺序排列。

定名：仅列器物名称，不加纹饰、铭文等。

器物有铭文或者纹饰的，尽量用照片和拓片表现，文字说明为辅助。

成组的器物根据器物的保存状况尽量成套展示。

# 目　录

鼎 | 战国
1985年滕县（现滕州市）庄里西墓地M1出土
（M1：52）
现藏滕州市博物馆
通高19.5、口径15.3厘米

子母口有盖。敛口作子口，深鼓腹，圜底，三蹄形足，双附耳外撇。弧顶盖，盖沿下弧作母口，盖面有三环纽。盖、腹均饰两周蟠螭纹。

鼎

战国

2002年新泰市周家庄墓地M80出土（M80：1）

现藏新泰市博物馆

通高25.7、器高21.4、口径18厘米

　　子母口带盖。敛口作子口，深鼓腹，圜底，三蹄形足，长方形附耳外撇。盖顶较平，盖沿下弧作母口，上有三环形纽。上腹部、器盖饰蟠螭纹，腹中部饰一周凸起绳索纹，下腹部饰菱形几何纹，耳内、外侧饰菱形几何纹。圜底三条范线汇于中心。

鼎 | 战国

1980年邹县（现邹城市钢山街道）孟庄出土
现藏邹城市文物保护中心（邹城博物馆）
通高28.6、口径23、足高12.5厘米，重4.61千克

子母口带盖。敛口，鼓腹，圜底近平，三蹄足，附耳微曲。盖顶微鼓，盖沿下弧作母口，盖上有三环形纽。腹部饰一周纹饰，盖饰两周纹饰，纹饰均为变体龙纹，盖、腹的纹饰细部稍有差异。

鼎 | 战国
安丘市红沙沟镇吾城遗址出土
现藏安丘市博物馆
通高27.8、口径22.6厘米

　　子母口带盖。敛口，子口内折，深腹，圜底，三蹄形足，足根粗壮，两附耳微外撇。弧顶盖，盖沿弧向下作母口与器口相合，顶面近边缘处均匀分布三环纽。腹中部一周绹索纹，之上饰蟠龙纹，龙身饰云雷纹，之下饰卷龙纹，龙身饰短直线纹，耳内侧饰卷龙纹，龙身饰短直线纹，耳外侧饰卷龙纹，箟点纹填底，盖面环纽以内饰蟠螭纹，盖沿饰蟠龙纹，均以云雷纹为地。

鼎 | 战国
1974年长岛县（现烟台市蓬莱区）王沟墓地出土
现藏长岛海洋生态文明综合试验区博物馆
通高31、口径22厘米，重3.98千克

　　子母口带盖。敛口作子口，圜腹，圜底近平，三蹄足，双附耳外撇。覆盘形盖，盖沿下弧作母口，顶有四环纽。器身素面，盖顶有五组团花虺纹。

鼎 | 战国
1988年济南市长清区万德镇麻套村出土
现藏济南市长清区博物馆
通高18.7、口径15.1厘米

子母口带盖。口内折作子口，舌较短，圆鼓腹，圜底，三蹄形足，足根粗壮，口沿下有两方形附耳，中部稍内凹。覆盘形盖，盖顶略隆微平，盖沿下弧作母口与器口相合，顶面有三环纽。腹部饰有六组漩涡纹饰，盖顶有四个漩涡形纹饰，居中一个，环纽间各饰一个。

鼎 | 战国
1984年莱芜市莱城区（现济南市莱芜区）寨里镇
戴鱼池村出土
现藏济南市莱芜区博物馆
通高30.1、口径22.2厘米

敛口作子口，深腹圜底，三蹄足，长方形附耳
外撇。腹部中间有一圈凸弦纹，弦纹上有斜线纹，
上腹部饰蟠虺纹，下腹部饰蟠螭纹，耳内外两侧均
饰蟠螭纹。未见盖。

鼎｜战国

五莲县街头镇迟家庄村牌孤城遗址出土

现藏五莲县博物馆

通高22.8、口径25.8厘米

　　子母口带盖。口内敛作子口，浅鼓腹，圜底，三蹄形足较矮，上腹部有方形双附耳。盖顶平，边缘圆弧下延作母口，顶面有三个环钮。腹部、盖沿均有蟠螭纹。

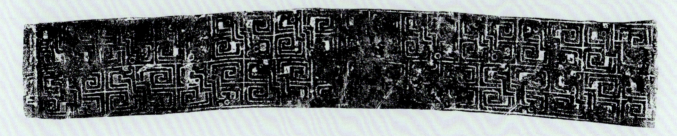

腹纹饰

鼎 | 战国
2007年临沂市检察院出土
现藏临沂市博物馆
通高20、口径19.5厘米

　　子母口带盖。口内敛作子口，浅圆腹，底近平，下附三兽面纹蹄足，近口沿处两对称附耳。覆盘形盖，饰三周夔龙纹并附三环形纽。腹部饰两周夔龙纹，以辫式纹带相隔，足根处的兽面呈浮雕状、口、鼻、角凸出，耳内外侧均饰夔龙纹。

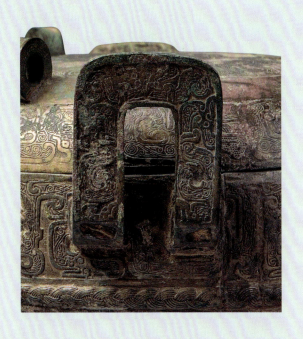

鼎 | 战国
2010～2011年淄博市临淄区辛店二号墓出土
现藏齐文化博物院
通高29.5、口径24厘米

　　子母口带盖。敛口作子口，腹略鼓，圜底，三蹄形足。弧顶盖，盖沿下延作母口，盖缘分置三个环形纽。整器以勾连云雷纹作地纹，器身腹部有一周凸起绹纹，其上下各饰一周蟠螭纹，耳两侧饰卷云纹，盖中饰涡纹，其外为两周窃曲纹，环形纽饰贝纹和绹纹。出土时鼎腹内装满食物，其表层质地细腻，呈稠泥状，底部略稀，并遗留有动物肩胛骨和肋骨，骨骼呈铜绿色。

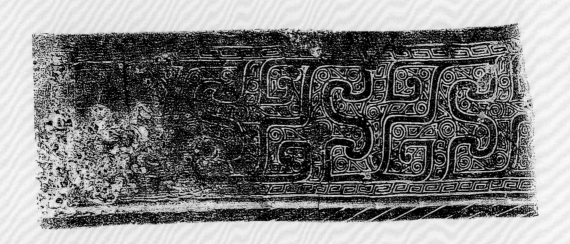

鼎 | 战国
1988年阳信县西北村战国墓地出土
现藏阳信县博物馆
残高14.5、口径17、腹径19.5厘米

　　子母口带盖。口内敛作子口，圆鼓腹，圜底，三兽蹄足，附耳外翻。盖隆起，盖沿下弧作母口，中间有三组夔纹组成的圆形图案，图案外缘等距饰四只高浮雕卧虎纽，盖沿、腹部饰变形龙纹。耳内、外均有纹饰，锈蚀不清。足残，一耳残。

鼎 | 战国
2010～2011年淄博市临淄区辛店二号墓出土
现藏齐文化博物院
通高35、口径29厘米

　　子母口带盖。子口内敛，宽腹微鼓，下腹内收，圜底，口沿下置对称宽厚附耳，下置三兽面蹄形足。上置盖，盖面微鼓，盖顶中央有对称兽首，间置半桥形纽，内衔圆环，盖面周缘置三组高浮雕卧虎形纽，昂首吐舌，虎身满饰卷云纹。腹部饰两周纹饰带，均饰首尾相接的独角兽纹，间以工字符，云雷纹为地。盖面共有四周以云雷纹为地的纹饰带，自内向外分别是变形夔纹、火焰纹，次外圈饰首尾相接独角兽纹，间以大S形符，最外圈饰两两相对的独角兽纹。立耳内外面均饰云纹和变形目雷纹。

鼎 | 战国
1984年长清县（现济南市长清区）岗辛村战国墓地
出土
现藏济南市长清区博物馆
通高23.5、口径19厘米

　　子母口带盖。敛口，口内折作子口，较短，鼓
腹，圜底，三蹄形足，足根粗壮，足底有阶，上腹
部有两方形附耳，中部内曲。覆盘形盖，盖顶微
隆，盖沿下弧作母口，盖顶均匀分布三环纽。器身
整体素面。

鼎 战国
1972年济南市柴油机厂出土
现藏济南市博物馆
通高22.5、口径18.6厘米

　　子母口带盖。敛口，口内折作子口，稍长，浅腹微鼓，圜底，三蹄足，足根粗壮，双附耳。覆盘形盖，盖面微鼓，盖沿下延作母口，上饰三环纽。腹饰一周凸棱纹。器身素面。

鼎 | 战国

1971年诸城县（现诸城市）臧家庄战国墓地出土

现藏诸城市博物馆

共4件，形制基本相同，大小略有差别

通高21.6～24.3、口径19.4～19.6厘米

　　子母口带盖。口内折作子口，圆腹，圜底，三蹄形足，上腹部有两附耳，外撇。覆盘形盖，盖顶略鼓，三只环形纽等分饰于盖顶，盖沿下弧作母口。器身素面，仅腹部饰一周凸弦纹。一鼎环纽缺失。

鼎 战国

2000年青岛市田家窑墓地M1出土

现藏青岛市黄岛区博物馆

通高19.9、口径20.2厘米

　　子母口带盖。敛口作子口，鼓腹，圜底近平，三蹄形足略外撇，口沿下有对称附耳。覆盘形盖，盖沿作母口，顶置三环形纽，盖与器身相扣呈扁圆形。腹中部饰凸棱纹一周。出土时鼎内盛有多块动物脊骨，器表有织物包裹痕迹。现存2件，形制基本相同。

鼎 | 战国

1980年淄博市临淄区东夏庄墓地出土

现藏山东省文物考古研究院

通高32、器高25.2、口径19厘米

　　子母口带盖，敛口作子口，深腹，平底，三蹄形足略显瘦高，长方形附耳略外撇。覆盘形盖，盖沿下弧作母口，盖缘有三个葫芦状环形纽，纽顶端有使用磨损痕迹。器身素面，仅腹部饰一周凸棱纹。腹、足有烟炱痕迹。底部可见圆形的范线。盖内有铭文十字："宋左大师罂左庖之馐鼎。"

鼎 战国

2017年滕州市大韩墓地M39出土

现藏山东省文物考古研究院

通高43.5、口径29.7厘米

　　鼎为子口，圆方唇，球形腹，圜底，三蹄
形足，近长方形耳外撇。覆盘形盖，盖顶有带
乳凸的三环纽。腹部饰一周较宽的凸弦纹。

鼎 | 战国
1992年淄博市临淄区商王墓地M1出土
现藏淄博市博物馆
通高11.5、口径8.8、腹径11.7厘米，
盖径11厘米

　　子母口带盖。方唇，鼓腹，圜底，三
矮蹄形足，两长方形附耳。弧顶盖，上列
尾状三环纽。在颈、腹饰四周凹弦纹，弦
纹之间为两条纹饰带，每条纹饰带内各模
印两周形制相同的椭圆形鸟纹，上部鸟纹
回首左向正立，下部鸟纹回首右向倒立，
鸟纹圆目有珠，勾喙振翅，尾上翘，三足
上部饰Y形双角兽面纹，耳内外两侧均饰
绚索纹。外底部阴刻"工师□"三字。

鼎 | 战国
2010～2011年淄博市临淄区辛店二号墓出土
现藏齐文化博物院
通高27、口径12.8厘米

　　器身呈球形，子母口带盖。敛口内折作子口，圆鼓腹，圜底，多棱蹄形足细高，足根凸起，口沿下两附耳略外撇。盖顶隆起，周边置三个环形纽，盖沿下弧作母口。器身腹部有一周凸弦纹，弦纹之下饰一周繁密蟠虺纹带，环形纽饰绚索纹，耳内外两侧饰重环纹。盖顶中央在谷纹地上饰涡旋纹及一周绚索纹，环形纽上饰重环纹。

鼎 | 战国
1992年淄博市临淄区商王墓地M1出土
现藏淄博市博物馆
通高24.7、口径22.2厘米，盖径25.6厘米，重9.19千克

　　盖与器身呈椭圆形。敛口，圜底，下附三蹄足，附耳外侈。弧形盖，上列三圆饼状三环纽。腹中部饰一周凸弦纹。

**鼎** | 战国

1985年淄博市临淄区乙烯墓地出土

现藏山东省文物考古研究院

通高30.5、通宽32.5厘米

　　敛口作子口，腹稍鼓，圜底，三蹄形足，两附耳微外撇。平盖，盖沿下折作母口，居中有一方形提手，边缘有三个矩尺形纽。腹部居中有一凸棱，器身素面。

鼎 | 战国
2013年淄博市临淄区稷下街道尧王村战国墓地出土
现藏齐文化博物院
通高37.4、口径31.4、腹径34.7厘米

敛口作子口，鼓腹，圜底，三蹄足，附耳外撇。平盖，盖沿下折作母口，中央置一倒U形纽，盖缘置三枚曲尺形片状纽。腹部饰一周凸弦纹，器身素面。

鼎 | 战国
1956年临淄县（现淄博市临淄区）齐故城内
姚王庄出土
现藏山东博物馆
通高32.5、口径28厘米

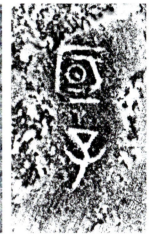

　　敛口作子口，鼓腹，圜底，三蹄足，双附耳呈方折状。平盖顶，盖沿下折作母口，盖顶中间有方环纽，周围三长方形纽。通体仅腹中部饰凸弦纹一周。器盖各铸阴文二字"国子"。同出8件，形制、大小相同。

鼎 战国

2013年淄博市临淄区稷下街道尧王村战国墓地
出土

现藏齐文化博物院

通高29.6、口径25.4厘米

　　直口微敛，深鼓腹，圜底，蹄形足，附耳
外撇。未见盖。腹部饰一周凸弦纹。

鼎 | 战国
安丘市庵上镇茅子埠村出土，1985年村民张立明捐赠
现藏安丘市博物馆
通高18.7、口径17.5厘米

子母口带盖。敛口，口部内折作子口，浅腹，圜底，三蹄形足，足根凸起明显，两附耳微内撇。平顶盖，盖沿下折作母口与器口相扣合，盖顶中央有圆角方形纽一个，边缘有三个矩尺形纽。盖顶、鼎腹部均有乳丁纹装饰。

鼎 | 战国
1987年临沂地区（现临沂市）楼子村出土
现藏临沂市博物馆
通高19.8、宽24.4厘米

　　子母口带盖。敛口作子口，腹圆折下垂，
圜底，三蹄形足外撇，足内侧有凹槽，腹上部
一对称长方形附耳外撇。覆钵形盖，中有一
纽，纽外一周凸弦纹。

鼎 | 战国
1978年曲阜市鲁国故城遗址M58出土
现藏孔子博物馆
通高14.3、口径12.2厘米

　　子母口带盖。敛口作短子口，腹下部微鼓，平底，三凿形高足外撇，附耳。覆盘形盖，盖顶隆起，盖沿下弧作母口，盖上有三环纽，凸弦纹三圈，素面。

**鼎** 战国

滕州市庄里西墓地M34出土（M34：3）

现藏山东省文物考古研究院

通高30.6、通宽29.8、口径29.2厘米

方唇，窄平沿，圆腹，圜底，三细足外撇，口沿上有两小立耳，微外撇，上有绳索纹。

鼎 | 战国
2013年淄博市临淄区稷下街道尧王村
战国墓地出土
现藏齐文化博物院
通高21、口径19.8厘米

　　子母口带盖。敛口作子口，深腹微鼓，下腹斜收，裆部低矮，三足不明显，长方形附耳外撇。弧形盖，盖缘置三个环纽。腹部饰一周凸弦纹。

鼎 　战国

1986年滕县（现滕州市）薛国故城遗址M6出土
（M6：22）

现藏山东省文物考古研究院

通高21、口径17.9厘米，盖径19.7厘米

　　子母口带盖。平唇，子口，深腹稍鼓，平底稍凸，底部有三个小矮足，器口沿下有对称环耳。弧顶盖，盖沿下延下折作母口，盖顶均匀分布三个环纽。腹部有一周凸棱。

**甗** 春秋

2010～2011年淄博市临淄区辛店二号墓

现藏齐文化博物院

通高52.8厘米，甑口径32.4厘米，

鬲口径17.5厘米

甑、鬲分体。甑立耳外侈，口部微敛，浅腹略鼓，平底有条形箅。鬲直口，折沿，直领，鼓腹，连裆，三柱状高足。甑部两条索状凸弦纹将腹部纹饰分为三个纹饰带，上、下各为一周内填云雷纹的交错三角纹，中间为蟠螭纹，耳饰绚纹。鬲部素面。

**簠** 春秋

2017年滕州市大韩墓地M39出土

现藏山东省文物考古研究院

通宽21.2、口长29.2、口宽22、圈足长29.2厘米

　　长方体。器、盖相扣，形制基本相同。器为直口，平唇，折腹，上腹直壁较短，下腹斜直，平底，圈足外侈，居中有弧形缺口，器、盖两端腹部各置一兽首形耳，盖口有六个卡口。盖顶、簠腹部饰蟠虺纹，圈足中部饰绹纹。出土2件，形制、大小、纹饰基本相同。

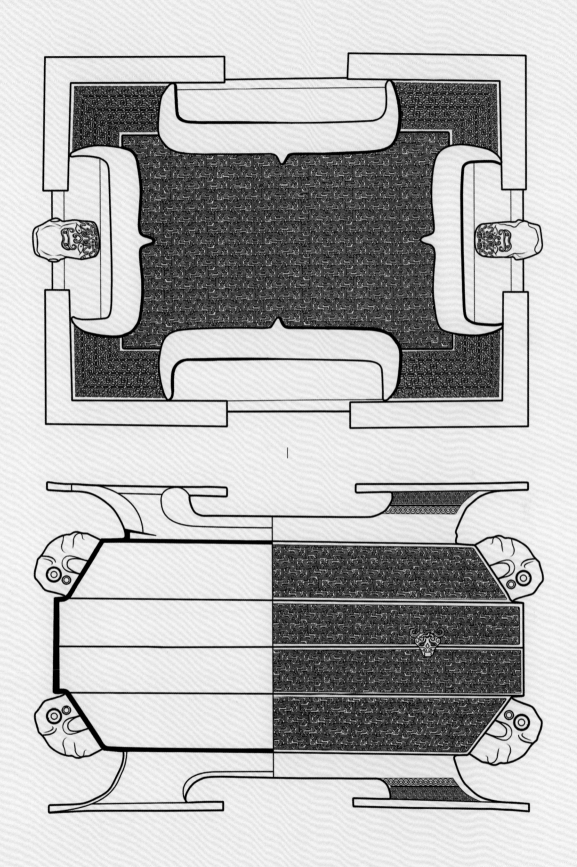

45

敦 | 战国

1973年莱芜县莱城区（现济南市莱芜区）
大王庄镇西上崮村出土
现藏济南市莱芜区博物馆
通高14.2、口径11.5、厚0.15厘米，
盖口径12.4厘米

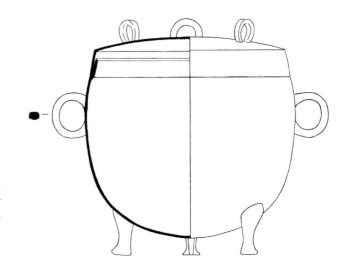

　　子母口带盖。子口微敛，深球形腹，
圜底，三小蹄足，腹两侧有对称环耳。盖
侈口作母口，顶微鼓，上有三环形纽。皆
素面。

敦 战国
淄博市临淄区乙烯墓地M5出土（M5：14）
现藏山东省文物考古研究院
通高17.4、宽19.8厘米，盖口径14.7、高8.5厘米，敦口径13.8、高10厘米

　　器、盖子母口扣合呈球形。器、盖形制基本相同，高度略有差异，器、盖近口部饰对称环耳，盖顶、器底均有三环纽。口、腹部均是勾连雷纹，顶部有圆形阳线圈，内填变形龙纹，阳线圈边缘均匀分布六个叶状纹饰，内填变形龙纹，所有的纹饰均以龟点纹为地。

敦 | 战国
淄博市临淄区城区北部排污工程M3出土
现藏齐文化博物院
通高16.5、口径15厘米

　　器、盖子母口扣合呈球形。器、盖形制基本相同，惟器有子口。器、盖近口处有对称环耳，盖顶、器底均有三环纽。腹部饰勾连雷纹，下饰一周桃叶形纹，内填S形纹饰，盖面中部饰涡纹、龙纹和心形火焰纹，均以篦点纹为地。

敦 战国

1988年阳信县西北村战国墓地出土

现藏阳信县博物馆

通高18、腹径16厘米

　　器、盖子母口扣合呈球形。器、盖形制基本相同，口沿下有对称双环耳，盖顶、器底均有三环纽。

敦 | 战国
2013年淄博市临淄区稷下街道尧王村战国墓地出土
现藏齐文化博物院
通高19、口径15.8厘米

　　器、盖子母口扣合呈球形器，盖形制基本相同，口沿下置对称环耳，盖顶、器底均有三个环形纽。素面。

敦 | 战国

1974年长岛县（现烟台市蓬莱区）王沟墓地出土

现藏长岛海洋生态文明综合试验区博物馆

通高18、口径15.8厘米，重1.487千克

　　器、盖子母口扣合呈球形。器、盖形制基本相同，口沿外侧饰对称环耳。盖顶、器底均有三环纽。素面，无纹饰。

敦 | 战国
淄博市临淄区行政办公中心出土（M6∶6）
现藏山东省文物考古研究院
通高25.3、宽27厘米

　　器、盖子母口扣合呈球形，器稍大，器、盖形制稍有差别。器子口，口沿下有对称环耳，底部有三环形纽作足，附钩状小足以承地面。盖近顶部有三个提手，均作环纽状，外接一鸟首，鸟首喙、眼部细节形象生动。器口沿、腹部和盖口沿、腹部、顶面均有数道浅凹槽组成的装饰。

豆 | 战国

1956年临淄县（现淄博市临淄区）

齐国故城姚王庄出土

现藏山东博物馆

通高40、口径25厘米

体形较高。敞口，斜壁，浅盘，平底，细高柄，上端略粗，喇叭形圈足。柄部装饰弦纹三组。同出6件，形制、大小相同。

豆 战国
2013年淄博市临淄区稷下街道尧王村
战国墓地出土
现藏齐文化博物院
通高47、盘径29.6、足径24.8厘米

　　敞口，方唇，平折沿，斜腹，平底，
高柄，上粗下细，喇叭形圈足。柄中部饰
一周宽凸箍。

豆

战国

1996年淄博市临淄区行政办公中心出土

现藏山东省文物考古研究院

通高41、通宽28.3、足径19.7厘米，

重4.25千克

口作莲花形外侈，浅盘，平底，细高柄，上粗下细，下部有一周凸棱，喇叭形圈足。通体素面。

豆 | 战国
2010～2011年出土于临淄辛店二号墓
现藏齐文化博物院
通高27、盘长22.5、盘宽17.2厘米

　　方唇，窄斜沿，斜直壁，圆角长方形浅盘，平底，细高柄，下接喇叭口圈足。器身素面。

豆 战国

2013年淄博市临淄区稷下街道尧王村战国墓地出土

现藏齐文化博物院

通高31、盘长19.4、盘宽16.3、足径16.5厘米

敞口，方唇，折腹，圆角长方形浅盘，平底，高柄，喇叭形圈足。素面。

豆 | 战国
1977年济南市长清区岗辛战国墓地出土
现藏山东省文物考古研究院
通高27、通宽18.2、捉手径10.3、足径13厘米

　　子母口带盖，腹部呈扁球状。敛口作长子口、平唇，深圆腹，粗柄，喇叭形圈足。覆钵形盖，扁平圆形捉手，有短柄，却置可为盘。盖面及器身均饰几何纹、勾连云纹，纹饰镶嵌绿松石。

豆 | 战国
1977年长清县（现济南市长清区）归德镇岗辛战国墓地出土
现藏济南市长清区博物馆
通高27、通宽18.3、足径13.3厘米

　　子母口带盖，腹部呈扁球状。敛口作长子口，平唇，深圆腹，粗柄，喇叭形圈足。覆钵形盖，扁平圆形捉手，有短柄，却置可为盘。盖面及器身均饰几何纹勾连云纹，纹饰由绿松石镶嵌而成。

豆

战国

1974年长岛县（现烟台市蓬莱区）王沟墓地出土

现藏长岛海洋生态文明综合试验区博物馆

通高35.3、口径17、足径11厘米，重1.95千克

　　子母口带盖，器、盖相合呈球形。豆盘敛口作子口，鼓腹，圆底，高柄，圈足呈喇叭状。有盖，盖上有圆形捉手。上腹饰团花云雷纹，下腹饰桃形曲尾虺纹，捉手内、盖缘通饰团花云雷纹。

豆 战国

1989年滕州市庄里西墓地出土

现藏滕州市博物馆

通高28.2、口径17.3、底径10.6厘米

　　器、盖为子母口扣合，圆腹，圜底，腹有二对称环形耳。盖面隆起，上有圈足形捉手，柄较细，圈足底缘呈低台式。器身素面。

**豆** 战国

孔府旧藏

现藏孔子博物馆

通高25、口径16、足径12.3厘米，重4.1千克

器、盖为子母口扣合，圆腹，圜底，低矮喇叭形圈足，双环耳。覆钵形盖，圆形捉手。腹饰凤鸟纹和鸱枭纹，圈足饰变形动物纹饰及夔纹，盖饰错金银三角卷云纹及凤鸟纹。通体错金银，大部分脱落。清高宗三十六年（1771年）乾隆皇帝颁赐宫中十件祭祀铜器给孔庙，用于祭祀孔子，俗称"商周十供"，此器为商周十供之一。

# 豆

战国

原济南市文物店收藏

现藏山东博物馆

通高17.3、口径16.5厘米

　　子母口带盖。敛口作子口，圆唇，窄平沿，深鼓腹，腹下短柄，喇叭形圈足，口两侧有环耳。口上有覆钵形盖，盖上有圆形捉手可仰置。腹中部饰一周凸弦纹，上下各一周绞索纹，盖面饰绞索纹两周，捉手上饰绞索纹一周。

豆 | 战国
淄博市临淄区中轩路出土
现藏齐文化博物院
通高27、口径16厘米

　　子母口带盖。子口微敛，腹部略鼓，圆底，短柄上粗下细，下接喇叭口状圈足，上腹附一对环形耳。覆钵形盖，盖顶置圆形扁平捉手。周身饰细瓦纹。同出2件，形制、大小基本相同。

豆 战国

1995年龙口市东梧桐村北砖厂战国墓地出土

现藏龙口市博物馆

现存2件

一件通高25、口径16厘米，另一件通高26、口径16厘米

　　子母口带盖。器长子口，圆腹，粗矮柄，喇叭状足，口沿下有对称环耳。覆钵形盖，圆形捉手。器、盖、圈足下部皆施瓦纹。

豆 | 战国
2000年青岛市黄岛区田家窑墓地M1出土
现藏青岛市黄岛区博物馆
同出4件，形制基本相同
通高28、口径17.4、足径13.9厘米

　　子母口带盖。子口微敛，深腹，圜底近平，空心柄较粗，喇叭形圈足，腹部两对称环形耳。覆钵形器盖，圆形捉手。盖与器身相扣合呈扁球形。盖及豆盘满饰瓦纹，豆柄上下同饰瓦纹。盖纽、器盖、豆盘、豆柄均为分铸。

豆

战国

2013年淄博市临淄区稷下街道尧王村

战国墓地出土

现藏齐文化博物院

通高46、豆盘口径16、足径15厘米

　　器盖与器身以子母口扣合呈球体，鼓腹，圜底，高柄，喇叭形圈足，口沿下置对称环耳。穹形盖，盖顶置三个环纽。素面。

豆 | 战国
1985年淄博市临淄区乙烯墓地出土
现藏山东省文物考古研究院
通高48.5、通宽23、足径16.8厘米

　　器盖与器身以子母口扣合呈球体，圆底，细长柄，略呈上粗下细状，下接喇叭形圈足，豆盘近口沿处有两对称环耳。穹形盖近顶面有三环形纽，盖可却置为盘。柄部上、下各有一组凹弦纹。

豆 | 战国
淄博市临淄区办公中心出土
现藏山东省文物考古研究院
通高51、通宽26、足径18.5厘米,
盖高10.4、盖口径20.2厘米

　　器盖与器身以子母口扣合呈球体。短直口作子口,深腹,圜底,细高柄,喇叭形圈足,器口沿有对称环耳。弧顶盖,盖沿下延作母口。盖上均匀分布三个鸟首环形纽。盖有三组、器有两组、柄上有三组、圈足上有一组弦纹。

豆 战国

1971年诸城县（现诸城市）臧家庄战国墓地出土

现藏诸城市博物馆

通高41.6、口径18、腹深11.1、柄高23.6、底径16.5厘米，重5.9千克

　　子母口带盖。敛口作子口，方唇，圆深腹，圜底，长粗柄，上端略粗，柄座为喇叭状，腹外壁对称饰两只环耳。圆形弧顶盖，中心饰桥形钮。顶盖和腹身各饰两周凹弦纹，柄饰三周凹弦纹，每组弦纹均为多道。器身内部残存鎏金。同出4件，形制、大小基本一致，此件保存得最好。

盒 | 战国
1992年淄博市临淄区商王墓地M1出土
现藏淄博市博物馆
通高12.4、口径12.5、腹径15、底径9.4厘米，盖径14.4厘米

　　子母口带盖。敛口作长子口，腹微鼓，圜底近平，圈足外侈，口沿外有对称环耳，衔圆环。弧顶盖，盖沿下延作母口，中央有一鼻形纽，周围饰三个环纽。四周错银细弦纹，弦纹之间为两条X形错金银卷云纹带，器盖上饰五周错银细弦纹，将纹饰划分为内外两区，内区为双龙交尾和双鹿相抵，外区饰龙凤纹和虎纹。盒内底和盖内各铸"□奠"二字。

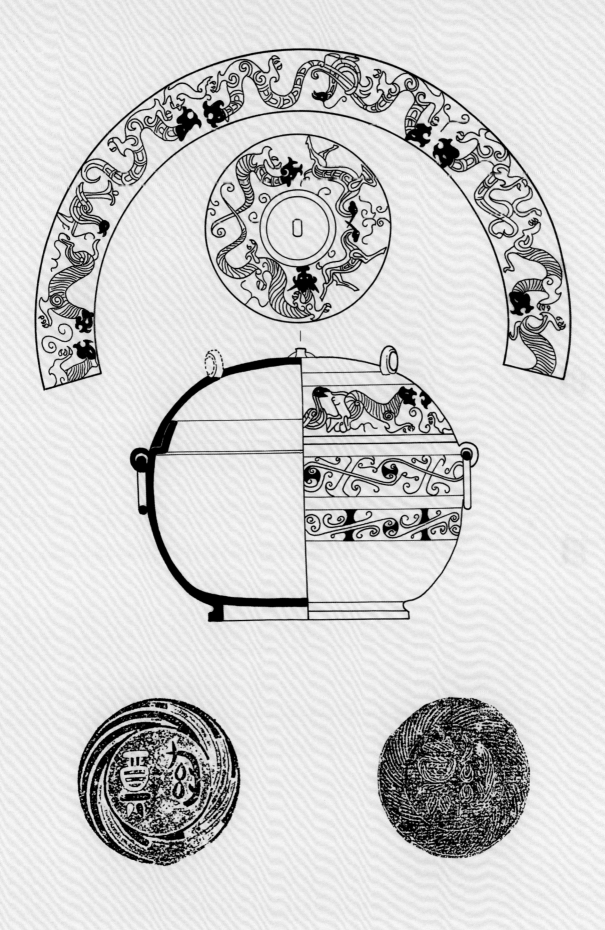

盒 | 战国
1992年淄博市临淄区商王墓地M1出土
现藏淄博市博物馆
通高9.1、口径8.1、底径4.8~5.9厘米，盖径9.4~10.9厘米，重0.56千克

　　椭圆体，子母口带盖。器敛口，方唇，腹微鼓，下部内敛，小平底。腹部一侧有一环耳，与之相对的另一侧为匕形鋬手。盖面隆起，盖沿下弧作母口，上列三环纽。器身素面。

盒 | 战国
1992年淄博市临淄区商王墓地M1出土
现藏淄博市博物馆
通高14.4、口径21.4厘米

　　器较宽侈，扁腹，子母口带盖。子口微敛，微鼓腹，平底，矮圈足，口沿
附两对铺首衔环耳。隆顶盖，盖沿下延作母口，盖上分置四个凤鸟形纽，凤鸟
尖喙，圆目，尾部上卷至鸟首上方，尾端作圆饼状。

盒 | 战国
1984年长清县（现济南市长清区）孝里镇南黄崖村出土
现藏济南市长清区博物馆
通高13、口径18厘米

　　扁圆体，子母口带盖。口微敛，内折作子口，鼓腹，圜底近平。覆钵形盖，微变形，盖沿下弧作母口。口沿下和腹中各饰三圈弦纹。口沿处有断裂。

盒 ｜ 战国

1991年淄博市临淄区张家庄墓地M1出土

现藏山东省文物考古研究院

通高17.5、通宽26、盒口径25.2厘米，盖口径25.5厘米

　　上、下形制基本相同，唯盖稍大，与器呈子母口扣合。上、下两部分均直口微敛，浅腹，圜底近平。通体素面。

壶 | 战国
1971年诸城县（现诸城市）臧家庄战国墓地出土
现藏诸城市博物馆
通高43.4、口径12.5、底径14.7厘米，重5.24千克

　　子母口带盖。口微敞，长束颈，溜肩，鼓腹，平底，矮圈足略外撇，肩与腹之间饰双铺首衔环耳。盖顶隆起，上饰三环形纽，盖口内折作子口嵌入壶口中。

壶 | 战国
2013年淄博市临淄区稷下街道尧王村战国墓地出土
现藏齐文化博物院
通高43、口径12.2、足径15.6厘米

子母口带盖。微敞口作母口，束颈，鼓腹，矮圈足，肩部置对称铺首衔环
耳。弧形盖，有内插子口，盖缘置三个环纽。素面。

**壶** 战国

1988年阳信县西北村战国墓地出土

现藏阳信县博物馆

通高43、口径10.6、腹径24、底径14.6厘米

口微侈，长束颈，圆肩鼓腹，平底，圈足微外侈，肩部两侧各有一铺首衔环耳。盖微隆，盖口内折作子口嵌入壶内，上饰三翘首环纽。素面。

壶 | 战国

1991年淄博市临淄区张家庄墓地M1出土

现藏山东省文物考古研究院

通高35.2、通宽23.7、口径10.2、底径12.5厘米

　　微敞口作母口，束颈，溜肩，圆深腹，平底，圈足，器身有对称的铺首衔环耳。隆顶盖，盖内折作子口，顶面有三纽，作环纽末尾带小钩状。素面。同出2件。

壶 | 战国
烟台市蓬莱区王沟墓地出土
现藏长岛海洋生态文明综合试验区博物馆
通高37.2、口径11.6、底径14.2厘米

侈口作母口，束颈，鼓腹，平底，圈足，腹部二侧各饰一铺首衔环耳，环上饰夔纹。隆顶盖，盖口内折作内插口，顶面有三翘首环纽。推测器身通体饰错红铜纹样带，因锈蚀漫漶不清，现仅可见局部兽纹。

壶 | 战国
1972年济南市柴油机厂出土
现藏济南市博物馆
通高33.2、口径9.9、底径12.9厘米

　　子母口带盖。微敛口作母口，长颈，溜肩，鼓腹，高圈足，下有台座，肩部置一对兽首衔环耳。弧顶盖，盖微隆，盖沿下折作子口，上饰三翘首环纽。器身素面。

壶 战国

2010～2011年淄博市临淄区辛店二号墓出土

现藏齐文化博物院

通高46.5、口径13.5、腹径28.8、足径18厘米

　　器与盖以子母口扣合。口微侈，长束颈，溜肩，深鼓腹，下腹斜收，直立矮圈足，肩部饰对称铺首衔环耳。盖面隆起，内插子口，有四个环形纽，可以倒置使用。器身满饰纹饰，自口沿下至器底可分六层花纹带，有云雷纹、变形兽面纹、变形龙纹和对称独角兽纹等，各层花纹均以横"工"字纹间隔，铺首浅浮雕兽面纹，衔环饰勾连纹和三角纹，盖面中部饰小四蒂花，周围饰云雷纹。

壶 | 战国
馆藏
现藏齐文化博物院
通高31、口径9.1厘米

　　未见盖。微敞口，沿略内卷，束颈，溜肩，鼓腹下收，圈足微外撇，肩部附一对铺首衔环耳。自颈部至圈足共有五层纹饰，各层纹饰带间以两周凹弦纹，颈部为三角纹，肩部、中腹、下腹为菱形纹带，均填卷云纹，圈足饰卷云纹。

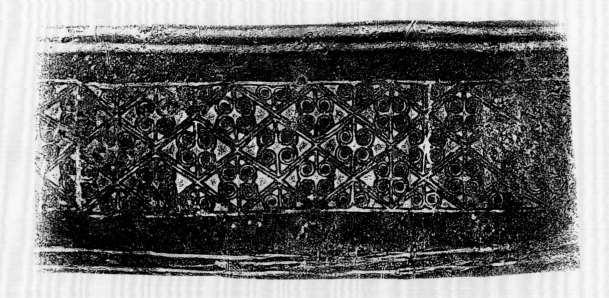

**壶** 战国

2007年临沂市检察院出土

现藏临沂市博物馆

通高30.2、口径9.5、底径12.2厘米

　　未见盖。口微侈，平沿内卷，长束颈，斜肩，深鼓腹，圈足外侈，肩部饰两兽首衔环耳。颈部饰蕉叶纹，腹部至足部以弦纹相隔，饰四层三角云雷纹，纹饰细密繁缛。

壶 | 战国
1992年淄博市临淄区商王墓地M1出土
现藏淄博市博物馆
通高15.8、口径6、足径7.4厘米，盖径4.9厘米，重0.872千克

　　子母口带盖。敞口，粗颈，最大径在腹中部以下，圆腹，平底，圈足，肩部附一对铺首衔环耳。弧顶盖，盖微隆，内插子口，上列三个S形纽。颈和腹部饰三周宽带弦纹。

壶 | 战国

1985年滕县（现滕州市）庄里西墓地出土

现藏滕州市博物馆

通高32.6、口径10.2、底径13.6厘米

　　子母口带盖。器微侈口、平唇，粗颈、深圆鼓腹、矮圈足，颈部亦均匀分布四个小环纽，各衔一圆环，颈腹结合处有对称环耳，链接有活络提梁。盖顶微鼓，盖沿内折作子口，盖顶有四小环纽，各衔一圆环。腹部饰有七道蟠螭纹，间有粗凹弦纹。

壶 | 战国
2010～2011年淄博市临淄区辛店二号墓出土
现藏齐文化博物院
通高29、口径10、腹径18厘米

　　器盖呈子母口扣合。器微敞口，粗颈，溜肩，橄榄形腹，平底，圈足。盖顶微隆，内插口。颈部附一对环形耳套接提链，盖缘有一对小纽衔环套接提链，提链中间为一握手，两边各有四节绳结状套环提链。器身颈、腹部分别饰一周和两周细密的蟠虺纹带，以谷纹作地纹，近底部饰网状菱形纹，圈足饰绚纹，盖上有两周绚纹，盖顶饰圆涡纹，以谷纹作地纹。

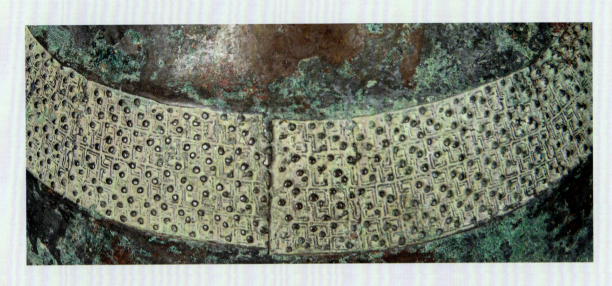

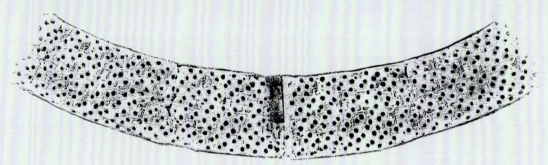

壶 | 战国
2017年滕州市大韩墓地M39出土
现藏山东省文物考古研究院
通高37.1、口径8.2、足径8厘米

　　子母口带盖。壶微敞口，方唇，长颈，溜肩，鼓腹，平底，矮圈足，肩部外侧有对称环耳以承提链，腹部亦有对称环纽。盖为内插子口，盖面微弧，两侧有对称环纽，纽下各有一衔环。壶颈、腹部纵横各饰四周和四条草叶附加堆绳纹、横、竖附加堆绳纹交织而形成络纹。盖面内圈饰绚纹，向外依次为蛇纹和两周三角形雷纹。

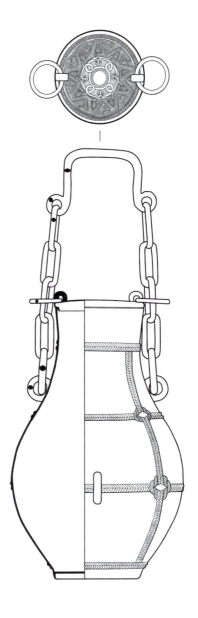

壶 | 战国
安丘市红沙沟镇吾城遗址出土
现藏安丘市博物馆
通高27、口径8.5厘米

　　子母口带盖，体瘦高。敞口作母口，平唇，长束颈，长深腹，平底，矮圈足，颈部有对称环耳，腹部一侧、盖顶均有一环纽。隆顶盖，盖口内折作子口。在盖沿处、与颈部环纽对称处有两小宽环纽，均套接一个大圆环。提梁为弓字形，两端各有圆纽，连接三个8字形链条，穿过壶盖的圆环，与颈部环纽相连。颈部为蟠虺纹，盖顶、壶腹饰乳丁蟠虺纹。

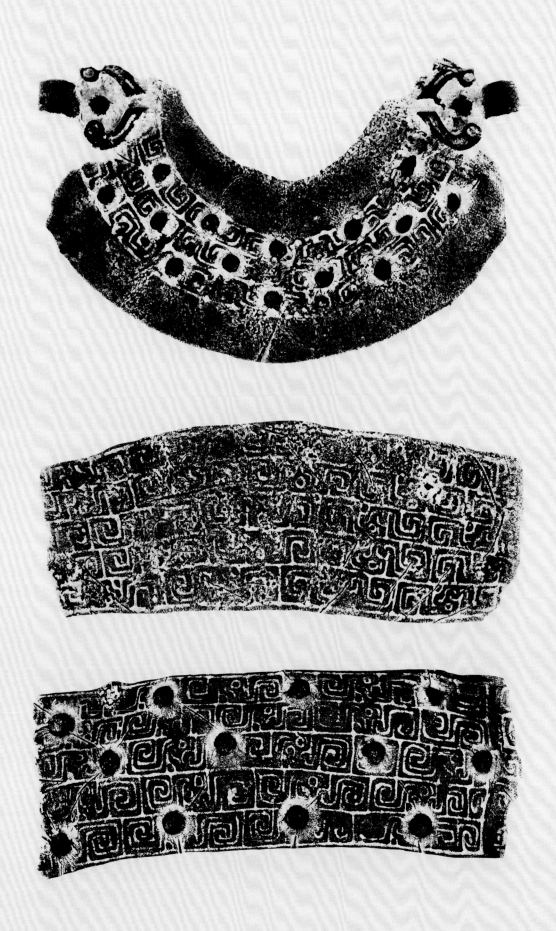

壶 | 战国
征集
现藏滕州市博物馆
通高27、口径8.2、底径10.4厘米

　　子母口带盖。侈口作母口，长束颈，深鼓腹，平底，矮圈足，肩两侧铺首耳有活络提梁。平盖，内插口，上有兽纽，纽穿环形链。颈饰两周三角纹，肩、腹部均饰变形交体龙纹，均以云雷纹填地，圈足饰变形龙纹一周。

壶 | 战国
征集
现藏济南市莱芜区博物馆
通高25.4、器高21.2、口径6.8、腹径14.2、底径5.8厘米

　　子母口带盖。微侈口，长束颈，圆腹，小平底，颈部一对衔环耳，两耳各装有可以拆卸的衔状链。盖略弧顶，盖沿内折作内插子口，盖顶中央有一环形小纽。壶身素面。

壺 战国

1985年淄博市临淄区乙烯墓地出土

现藏山东省文物考古研究院

通高41、通宽21、壶高32.5、底径13厘米

　　子母口带盖。微敞口作母口，长颈，扁圆深腹，矮圈足。弧顶盖，短内插子口，盖顶边缘有两个小桥形纽，各连接一个圆环，提梁从圆环穿过。提梁居中为弓形提手，两端均为圆环，分别与一两端均有圆环的短柄相连，壶颈部两侧有一凸出的榫卯与提梁相连接。提梁可拆卸。壶身素面。

壶 战国
1978年曲阜市鲁国故城M3出土
现藏孔子博物馆
通高39.5、口径8.7、腹径19.5厘米

子母口带盖。敞口作母口，长束颈，深圆
鼓腹，圈足外侈有台座。弧顶盖，内插子口，
盖边沿有两环纽。肩两侧连有环链形提梁，提
梁中部为弓形，盖与提梁有环相连。

**壶** | 战国
1992年淄博市临淄区商王墓地M1出土
现藏淄博市博物馆
通高28、口径7.5、最大腹径10.7、足径9.2厘米，盖径5.7厘米

　　子母口带盖。口微敞，方唇，束颈，球形深腹，圜底，下有柄，喇叭形圈足。窿形盖，内插子口，上列三个S形环纽。腹上部有一对环耳，与双首龙身链索式提梁相连。器身素面。

壺 | 战国
2013年淄博市临淄区稷下街道尧王村
战国墓地出土
现藏齐文化博物院
通高48、口部最大径10、腹径22.3、
足径12.7厘米

　　壶身圆形，盖作鹰首形。小口微侈，
喙状流，束颈，鼓腹，腹部设一环纽，圈
足。鹰首形盖，双目高凸，有喙与器口喙
状流相合，喙启闭灵活。盖沿有一对套环
纽。颈部有对称铆钉状耳，器耳各套一S
形链，穿过器盖双环与提梁相接。腹部饰
凸弦纹。

## 壶

战国

1986年淄博市临淄区相家庄墓地M6出土

现藏山东省文物考古研究院

通高43.7、底径13.6厘米

壶身圆形，盖作鹰首形。微侈口，喙状流，细长颈，深圆腹，矮圈足，腹部饰有一环纽。鹰首栩栩如生，鹰嘴、鹰眼表现生动，嘴锋利，上喙可以向上揭开，下喙为流。盖上有一铺首衔环，套于提梁上，提梁为一弯杆，连于颈部两侧铆钉状耳上。底部可见交叉形加强筋。

壶 | 战国
1971年诸城县（现诸城市）臧家庄
战国墓地出土
现藏诸城市博物馆
通高54.6、最大腹径28.4、底径15.3厘米，
重10.01千克

　　壶身圆形，盖作鹰首形。口微敞，有短流
作鹰嘴的下部，束颈，鼓腹，腹部有一圆环，
圈足。盖为高浮雕鹰首状，双目高凸，昂视长
空的鹰首，尖喙可开合。盖的上方有一个可供
用手提携的横梁，从盖上的圆环穿过，与颈部
的铆钉耳相接。通体饰瓦纹，腹部居中有一
凸棱。

壶 战国
1971年诸城县（现诸城市）臧家庄战国墓地出土
现藏诸城市博物馆
通高33.7、口径11.8×10.6、底径7.4厘米，
重1.68千克

　　深腹筒形，子母口带盖。直口作母口，筒腹，腹下内收，小平底，圈足，腹上部对称饰两环。弧顶盖，顶饰三环钮，盖沿下弧，口内折作子口。器身素面。口部略有变形。

## 壶

战国

1992年淄博市临淄区商王墓地M1出土

现藏淄博市博物馆

通高26.8、口径9.8、底径6.8厘米，盖径9.2厘米

深腹筒形，上粗下细，子母口带盖。壶身微敞口，深腹微鼓，小平底，足外侈带台座，腹上部有一对铺首衔环耳。隆形盖，盖沿内则做子口，上列三环纽，并饰三周凸弦纹。

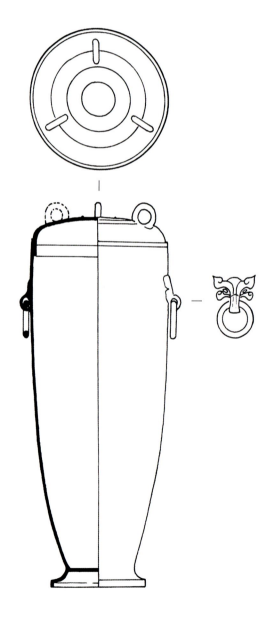

壶 | 战国
2002年龙口市诸由镇赵家村民赵华柏捐赠
现藏龙口市博物馆
通高44、口径18、底径12厘米

　　未见盖。器深腹筒形，口微敛，腹下部内
收呈平底，带喇叭形圈足，腹部最大径处有对
称铺首衔环耳。器有残缺。

## 壶 | 战国

1992年淄博市临淄区商王墓地M1出土

现藏淄博市博物馆

通高20.8、口径9.6、最大腹径12.8、足径11.6厘米，盖径10.4厘米

　　子母口带盖。方唇，敛口作子口，椭圆形深腹，最大径在腹中部以下，圜底粗柄，喇叭形足，足下直折呈圈足状，口沿一侧伸出一直角曲尺形合页与盖相连，腹上部有一对铺首衔环耳。平顶盖，盖沿下折，与合页相对的另一侧有一环纽，可在180°范围内启闭自如。柄部有三周宽带凸弦纹。

壶 战国

1992年淄博市临淄区商王墓地出土

现藏齐文化博物院

通高42、口径4.1厘米

　　子母口带盖。直口作子口，口沿下呈蒜头形，细长颈，溜肩，球形腹，平底矮圈足，有台座，腹饰两铺首衔环耳。盖直口作母口，盖中央有一环纽。颈部、腹部各有一周凸棱。

壶 | 战国
馆藏
现藏滕州市博物馆
通高29.1、口径4.9、底径8.9厘米

　　未见盖，整体瓠形。小口微敞，颈斜
长，长深腹，矮圈足，平底，一侧上腹、
下腹各有一环纽，与龙形錾相连。

**钫** | 战国

1991年淄博市临淄区张家庄墓地M1出土

现藏山东省文物考古研究院

通高24.2、通宽14.3、口径8×7.8、底径7.8厘米

方唇，窄平沿，口微敞作母口，短颈，溜肩，鼓腹，平底，带小圈足，近底部内收，上腹部有对称饰铺首衔环耳。盖呈四面坡状，小平顶，顶面有四个钩状小纽，盖沿内折作子口与钫身扣合。器身素面。同出2件，形制基本相同。

**尊** 战国

1986年淄博市临淄区相家庄墓地M6出土

现藏山东省文物考古研究院

通高18.9、通长40.6、通宽16.6、足高6、鱼长12.5厘米，重2.894千克

　　整体鸭形，头、颈前伸，张口衔鱼，圆腹，两足分立，短尾，尾下有环形鋬，鸭背有凸字形长方形注水口。有盖，盖顶一鸟形纽。鱼腹部中空、鱼背、鸭颈、鸭腹相通。鱼身向外的一侧有两排十六个出水孔。水经过鸭颈从鱼腹的出水孔喷出。鱼身鳞纹，鸭身羽纹均表现细致。鸭身羽上有规律的菱形凹窝，推测原应有绿松石装饰。

**尊** | 战国
1982年淄博市临淄区稷下街道商王庄村出土
现藏齐文化博物院
通高29.3、长46厘米

仿牛形。昂首，竖耳，身粗壮，小卷尾，偶蹄。盖为一扁嘴状长颈禽，禽颈反折，扁喙紧贴背上，呈半环盖纽。通体嵌饰金银丝几何云纹，嵌绿松石，首颈结合处有一项圈，嵌16枚椭圆形银珠。由头颈、体、盖分铸而成。

罍 战国

淄博市临淄区乙烯墓地M5出土（M5∶17）

现藏山东省文物考古研究院

通高30.3、通宽27.8、口径16.5、足径15.5厘米，

盖高4、盖宽16.8、盖内口径14.3厘米

子母口带盖。方唇，平沿，高束颈，圆肩稍鼓，深腹，平底，直立圈足。隆顶盖，口略内折作内插子口，顶部有三个均匀分布的环纽。器身素面。

罍 战国

2005年淄博市临淄区国家村墓地M4出土

现藏齐文化博物院

通高22.5、口径10厘米

子母口带盖。直口微侈，高颈，圆肩，鼓腹下收，平底，圈足。隆顶盖，盖口内折作子口，盖上置三个鸟首环形纽。颈部饰几何卷云纹，肩部近颈部处饰一组凹弦纹带，肩部连续性的三角纹内饰禽鸟云气纹，肩、腹交界处及中腹各饰一组三道凹弦纹带，肩、腹交界处凹弦纹带之上饰一周三角蝶形纹，腹部凹弦纹带之下饰一周三角卷云纹，盖顶饰卷云纹，周边饰云气纹。

罍 | 战国
2005年淄博市临淄区国家村墓地M4出土
现藏齐文化博物院
通高23.5、口径10厘米

　　子母口带盖。直口微侈，高颈，圆肩，鼓腹下收，平底，圈足。隆顶盖，盖口内折作内插口，盖上置三个鸟首环形纽。颈部饰三角、菱形几何卷云纹，肩部饰勾连几何卷云纹，肩、腹之交及下腹各饰一组双线凹弦纹，上腹饰双实线菱形几何卷云纹，下腹部饰六组卷云叶形纹。

罍 | 战国
1992年淄博市临淄区商王墓地M1出土
现藏淄博市博物馆
通高16.2、口径8.1、足径7.8厘米，盖径6.7厘米，重1.082千克

　　子母口带盖。方唇，束颈圆肩，鼓腹，圈足稍外侈，最大径在腹上部，肩饰一对牛首形铺首衔环耳。隆顶盖，盖沿作内插口，上列三个鸟形纽。纽和铺首可见鎏金，脱落严重。

罍 战国

1954年泰安专区（现泰安市）城南东更道村出土

现藏山东博物馆

通高35.6、口径23.7厘米

　　子母口带盖。方唇，窄平沿，束颈，圆肩，圆鼓腹，下腹斜收，平底，肩部有两兽形环耳，环耳中均套提链。有盖，盖沿下折作母口，平顶，圆形捉手。器身及盖满饰浮雕密集蟠虺纹，纹饰繁缛而锋利，器腹中部有八个、盖面有六个凸出的圆饼装饰，上亦施密集蟠虺纹。兽首耳内有提链，为8字形提梁套两圆环，圆环装饰绚纹。盖沿及口沿有铭文"右征□"。

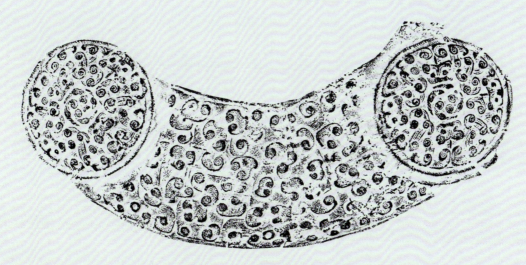

盖沿纹饰

127

盖纹饰

腹部纹饰

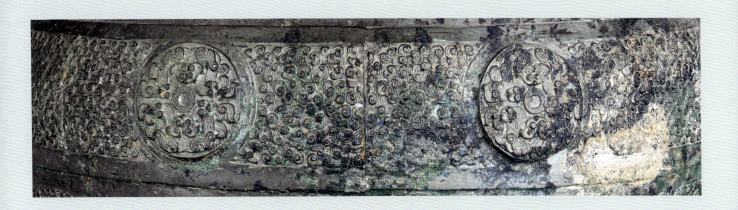

罍 | 战国

1954年泰安市城南东更道村出土

现藏山东博物馆

通高36.4、口径22.4、腹径64厘米，重10.84千克

　　子母口带盖。方唇，窄平沿，束颈，圆肩，圆鼓腹，下腹斜收，平底，肩部有两兽形环耳。有盖，盖沿弧折作母口，平顶，圆形捉手。上腹部及盖满饰密集蟠螭纹，器腹中部有一周稍凸起的宽带，上有八个稍凸出的圆饼装饰，上亦施蟠螭纹。盖口沿有铭文"右征（冶）君（尹）"，盖口沿外侧有"楚高"，器口沿有"右征（冶）君（尹）疆"，耳上有"楚疆"。

**罍** 战国

1988年阳信县西北村战国墓地出土

现藏阳信县博物馆

通高27.5、口径14.2厘米

子母口带盖。直口，圆肩鼓腹，底呈三角形，腹上部近肩处两侧相对各饰一铺首衔环耳。盖隆起，盖沿下折作母口，上饰等距三竖环纽。素面。

缶 | 战国
1965年诸城县石埠子公社（现安丘市石埠子镇）
葛布口村出土
现藏诸城市博物馆
通高28.4、口径17、底径15.8厘米，重7.02千克

　　方唇，卷沿，短束颈，圆肩，圆鼓腹，平底，圈足，肩部两侧对称铸铺首衔环耳。颈部一周凸箍。锈蚀严重。

缶 | 战国
2017年滕州市大韩墓地M39出土
现藏山东省文物考古研究院
通高32.2、口径21.9、底径21厘米

　　方唇，平折沿，直颈，圆肩，鼓腹，平底，肩两侧有两个对称环耳。盖面弧形，盖顶有三环纽，盖方唇，小平沿与器平沿相合。素面。同出2件，形制、大小、纹饰基本相同。

缶 | 战国
征集
现藏滕州市博物馆
通高29.7、口径23.3、底径22.5厘米

　　方唇，平折沿，直颈，鼓肩，圆腹，平底，肩两侧
有环耳。未见盖。器身素面。

缶 | 战国
1982年栖霞市松山乡吕家埠村M1出土
现藏栖霞市牟氏庄园管理服务中心
通高20、口径17.1厘米，重4.7千克

　　方唇，平沿，短直束颈，圆鼓肩，扁鼓腹，小平
底，肩部有两个对称的桥形耳。未见盖。通体素面。

缶 战国
1965年诸城县石埠子公社（现安丘市
石埠子镇）葛布口村出土
现藏诸城市博物馆
通高28.4、口径17、腹径33、底径15.8厘米，
重7.02千克

尖唇，敞口，短颈，圆肩，鼓腹，平底，带三小足，肩部两侧对称兽首环耳。有盖，平顶，中央有一组，盖沿下折作母口与器口相合。器身素面，盖上有两周纹饰，均为变形蟠螭纹。

套餐具

战国

1991年淄博市临淄区张家庄墓地M1出土

现藏山东省文物考古研究院

耳杯：通高2.9、通宽10、口径10.8×7.9厘米

大钵：通高7.8、通宽22、足径9.3厘米

中钵：通高4.1、通宽20.5、底径15.6厘米

小钵：通高2、通宽9.7、底径6.2厘米

浅盘：通高3.8、通宽13、底径9厘米

宽沿盘：通高3.8、通宽20.7厘米

花形口盘：通高3.8、通宽21、口径16.7、底径10.2厘米

共60件，由10件耳杯、4件大钵、10件中钵、10件小钵、9件宽沿盘、10件小盘、6件花形口盘、1件罍组成。每一种类型也是大小相次。出土时全部叠放在罍中。罍上下可分为三部分，盖、上腹部、下腹部之间均可扣合。

耳杯

大钵

中钵

小钵

宽沿盘

小盘

花形口盘

套餐具

战国

2001年淄博市临淄区赵家徐姚M1出土

现藏齐文化博物院

铏：通高13.5、口径19×15.6厘米

耳杯：通高4.3、通宽12.4、口径14.6×10.2厘米

匜：通高4.9～6、通长11～12.9、通宽11.1～14厘米

匜形盘：通长11.6～13.5、通宽11.6～14.3厘米

共15件，4个耳杯、5个匜、5个匜形盘，叠放在铏内。耳杯大小相同，匜、匜形盘大小相次。

铏：圆角长方形，口微敛，深腹，平底，腹长边两侧有对称的环耳。弧形盖，顶置四个环纽，纽与盖铆合。

耳杯：椭圆形，口微敛，弧腹，平底，口沿两侧附云纹方耳。

匜：近桃形，直口，鼓腹，平底，一端有流。

匜形盘：卷沿，边缘内凹，底部微弧，器型与铜匜相似，应是配套使用。

（注：发掘报告中将匜和匜形盘默认为五个带流盒，根据器物表面的痕迹，齐文化博物院还原了出土时的形态，认为匜及匜形盘的使用方式应该比较灵活，可以配套使用，亦可单独使用）

143

盘 | 战国
1989年淄博市临淄区炼油厂出土
现藏齐文化博物院
通高16、口径58、底径29厘米

　　方唇，折沿，折腹下收，平底，矮圈足。口沿下等距置四个圆纽衔环耳。
素面。

盘 | 战国

1992年淄博市临淄区男士区墓地M1出土

现藏山东省文物考古研究院

通高11.6、通宽45.2、足径20.7厘米

方唇，宽折沿，折腹，平底，有直立矮圈足。器身素面。

盘 | 战国

1992年淄博市临淄区商王墓地M1出土

现藏淄博市博物馆

通高14.8、口径63.4、底径54.9厘米，重3.645千克

　　敞口，平折沿，直壁，浅腹，下腹内收，圜底
近平。器身素面。

盘 战国

2017年滕州市大韩墓地M39出土

现藏山东省文物考古研究院

通高11.4、口径43、底径13厘米

侈口，尖唇，卷沿，折腹，底内凹。器轻薄，腹内壁刻纹。

**匜** | 战国
2017年滕州市大韩墓地M39出土
现藏山东省文物考古研究院
通高11.3、通长26、通宽12.7厘米

　　俯视近椭圆形。口微敛，腹微鼓，圜底近平，三蹄形足，兽首形管状曲流，匜尾部有一兽首状鋬，鋬下有一环纽。

**匜** 战国

1973年莱芜县莱城区（现济南市莱芜区）大王庄镇西上崮村出土

现藏济南市莱芜区博物馆

通高13.3、通长26.6、通宽23.6、厚0.2厘米

方唇，窄沿，腹身似瓢，较深，平底，宽槽流较短，呈弧形微上仰，与流相对一端器身内凹，且有一环纽。

**匜** 战国

2013年淄博市临淄区稷下街道尧王村战国墓地出土

现藏齐文化博物院

通高10.5、口径23×22.7、底径15.5×10厘米

椭圆形口，口微敛，腹稍鼓，平底，一侧有U形流上翘，尾部有一个环
纽。素面。

匜 战国

1991年淄博市临淄区张家庄墓地M1出土

现藏山东省文物考古研究院

通高9.3、通长25.7、通宽24.1、底径14.1×11厘米

整体瓢形，平面圆形。敞口、浅腹、平底，半圆形流微上翘，尾部有一小环形纽，下接一圆环。

**匜** 战国
2017年滕州市大韩墓地M39出土
现藏山东省文物考古研究院
通高9.8、通长22.8、通宽20.9厘米

口微敛，腹微鼓，平底，底呈椭圆形，槽状流，匜尾部有一环纽。内壁与内底满布线刻纹。

匜 战国

淄博市临淄区行政办公中心出土

现藏山东省文物考古研究院

通高4、通长10、通宽8.8、底径6×4.1厘米

器型小巧，呈椭圆形。微敞口，鼓腹，平底，一侧有短流。

**匜** 战国

1979年淄博市临淄区齐都镇郎家庄出土

现藏齐文化博物院

通高8.6、口径17.3厘米

　　口沿呈心形，侈口，微卷沿，深腹，圜底，矮圈足，流部饰一鹰首，勾喙，圆目凸出，形象鲜明。器身素面。

**匜** | 战国
1992年淄博市临淄区商王墓地M1出土
现藏淄博市博物馆
通高10、通长18、通宽16.6、足径7.6×5.5厘米，重0.409千克

　　口沿平面略呈心形，侈口，小卷沿，深腹，圆底，圈足外侈，口沿一侧有鹰首流状，鹰首勾喙，有耳，口含圆珠，目框嵌银。

匜 戦国
1991年淄博市临淄区张家庄墓地M1出土
现藏山东省文物考古研究院
通高9.5、通长17.8、通宽15.8、底径8.1×5.3厘米

　　开口呈瓢形，微敛口，浅腹，小圜底近平，下接椭圆形圈足，流、尾微上翘，流作鹰首状，喙、目刻画形象生动，尾部稍内折。器身素面。

刻纹残片

战国

1973年长岛县（现烟台市蓬莱区）王沟墓地出土

现藏长岛海洋生态文明综合试验区博物馆

共3件

口沿残片：残沿高6.8、长9.3、宽2.1厘米

腹残片：大径28.5、小径14.7厘米，重0.34千克

底残片：大径19.5、小径11.4厘米

　　A片：纹饰刻于内壁。左侧为一株树（株形植物），右侧为一鹤，作垂首状，面向树。其下为连缀倒三角纹（垂幛纹），三角纹两重，作回形。

　　B片：其纹样多如A片，惟左侧两株树（株形植物），右侧一鹤，作仰首状。

　　C片：为狩猎场面。略分三层，上层纹样一如A，B两片，中层为一条蛇身虺纹，起间隔作用。下层为狩猎场面。中间有车马一组，舆作鱼形，首尾上翘，以鱼首为轼，以鱼尾为椅，鱼腹为箱。箱中立二人。一人在前为御者，高冠袍服，左手揽辔，右手扬鞭作驱使状；一人在后，高冠袍服，执弓矢作射状。椅上端树旄或旌旒，若随风飘逸。舆下有两轮，牙、辐、毂俱全。前有一辕，左侧两马，马各两辔，右侧一马两辔，画成倒立形。车后一人，高冠袍服，挑担，担两端有猎物。车前两人，小冠裸体，一手执剑或棍棒作奔跑驱赶状。车两侧或车前画鹿、牛、猪、狗等，或奔跑，或中箭，或倒毙。

　　从图案内容分析，三残片应为一件器物。其中A，B两片都保留有口沿，C片应为腹片。绘画内容较集中，所绘内容丰富、生动。

**刻纹残片**

战国

1960年平度县（现平度市）东岳石遗址M16出土

现藏山东省文物考古研究院

残存2片

通长7.8～10、通宽6.5～9.2厘米

均为匜残片，器体轻薄。内壁光滑，用极细的线条刻鸟、树、人等纹饰。

**鐎盉**

战国

2010~2011年淄博市临淄区辛店二号墓出土

现藏齐文化博物院

通高25.6、口径10.4、腹径20.6厘米

　　子口内敛，广肩，鼓腹，圜底，三蹄形足，前有曲颈龙首流，肩置半环状龙形提梁，提梁一端呈龙首状，另一端梁背上为卷曲的龙尾，梁顶两侧各有一道扉棱，与流对称的腹部也有扉棱。平盖，盖沿下折作母口，盖中有圆柱长方形小纽，纽两侧有小圆孔。器身肩、腹部各有一周凸弦纹，分别饰一周和两周细密的蟠虺纹，上腹蟠虺纹下有一周叶形纹，提梁饰鳞纹，扉棱饰蟠螭纹，足饰兽面纹，盖面饰三组弦纹，弦纹间饰细密的蟠虺纹，盖内面饰一蟾蜍纹。

盆 | 战国
1991年淄博市临淄张家庄墓地M1出土
现藏山东省文物考古研究院
通高9.2、通宽26、口径25.2～26、底径16.5厘米

口略有变形。直口，折腹，下腹稍鼓，平底。通体素面。

**鉴** | 战国

2017年滕州市大韩墓地M39出土

现藏山东省文物考古研究院

同出2件，形制、大小、纹饰基本相同

通高27.8、口径54.2、底径30.1厘米

侈口，方唇，折沿，束颈，鼓腹，平底，颈及上腹两侧有两个对称的兽首衔环耳。颈部及腹部纹饰为蟠虺纹，兽首衔环耳外侧饰草叶纹。

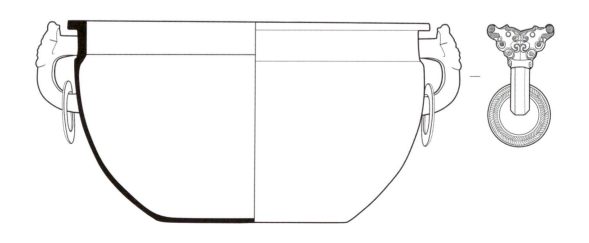

铷 | 战国
1974年长岛县（现烟台市蓬莱区）王沟墓地出土
现藏长岛海洋生态文明综合试验区博物馆
通高7.6、通长11、通宽12.7、底径8.1×5.9厘米，
重量0.494千克

　　截面为圆角长方形，子母口带盖。铷身微敛口、平唇，腹微鼓，长边一侧腹上有两对称环耳，平底。有盖，盖面微隆，盖沿下折作母口，盖上三环纽。器身素面，内壁底面有铭文。

铆 | 战国

1991年淄博市临淄区张家庄墓地M1出土

现藏山东省文物考古研究院

通高14.1、通宽22.2、口径21.2×17.4、底径14.4×11.1厘米

整体椭方体，子母口带盖。敛口，鼓腹，下腹内曲，平底，腹部一侧有环耳。弧顶盖，盖沿下折作母口，盖顶有四环纽。

铷 | 战国

1977年长清县（现济南市长清区）岗辛村战国墓地出土

现藏山东省文物考古研究院

通高16.5、通长26、通宽24.5厘米，舟口径22.5×19.3、
底径16.3×13.5厘米

　　整体椭方体，子母口带盖。器敛口作子口，深腹，下腹内曲，大平底，两长边上腹部有对称环耳。隆顶盖，顶面平，盖沿下折作母口，盖面边缘有四个纽，均作环纽状，上接一昂首长颈的鸟首，尖喙带冠。

铷 | 战国
1980年兰陵县鲁成乡屋山头村出土
现藏兰陵县博物馆
通高13.2、通长12、通宽10厘米

　　器呈长方体，子母口带盖。敛口内折作子口，平唇，腹稍鼓，较深，圈足外侈，两长边上腹部有对称环耳。弧顶盖，盖沿下折作母口，上有四鸟首状环纽，鸟尖喙，长颈，姿态昂扬。四周饰繁缛勾连纹、变形龙纹。一组残缺，器身锈蚀严重。

铸 | 战国
1988年阳信县西北村战国墓地出土
现藏阳信县博物馆
通高9.8、口径17.2×14.7厘米

　　未见盖。口近圆角方形，敛口，深腹略鼓，平底，腹两长边各有一竖
环耳。

铺 | 战国
2017年滕州市大韩墓地M39出土
现藏滕州市博物馆
通高9.4、口径17.3×14.4、底径12×9.2厘米

　　开口圆角长方形，未见盖。敛口作子口，方唇，鼓腹，下腹内曲，平底，腹两侧置对称环耳。上腹饰变形龙纹，环耳饰波带纹。

**铫** | 战国
2010～2011年淄博市临淄区辛店二号墓出土
现藏齐文化博物院
通高15.9、口径13.7×11.4厘米

　　器、盖相合呈椭圆体，横截面亦呈椭圆体，子母口带盖。器敛口作母口，深腹略鼓，圜底，三蹄形矮足，腹部附一对环耳。隆顶盖，盖内折作子口，盖上分置四个环形纽。盖及器身饰浅瓦纹，足根饰桃叶形纹。同出2件，形制、大小基本相同。

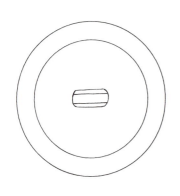

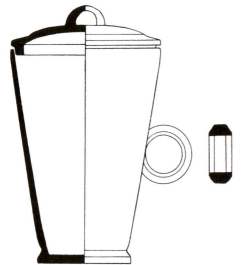

杯 | 战国

2002年新泰市周家庄墓地M1出土

现藏新泰市博物馆

通高10.2、器高8.5、口径5.9、底径3.8厘米

　　子母口带盖。敞口作母口，斜直壁，平底，底缘外凸，腹中部一环耳。盖子口，弧顶，中央有纽。通体素面。

杯 | 战国
1971年诸县（现诸城市）臧家庄战国墓地出土
现藏诸城市博物馆
通高16.3、口径6.4、底径6.6厘米，重0.81千克

敞口，亚腰，平底，圈足。亚腰处饰一周带状箍，整体素面。

<table>
<tr><td rowspan="2">耳杯</td><td>战国</td></tr>
<tr><td>1992年淄博市临淄区商王墓地M1出土</td></tr>
</table>

现藏淄博市博物馆

同出3件，形制相同，大小不一

M1：112-②：通高5.9、通宽18.2、口径20.9×15、底径10.9×5厘米；

M1：112-④：通高4.3、通宽14、口径15.5×10.8、底径7.4×4厘米

　　口微敛，斜腹，平底，口沿两侧附云纹方耳。其中两件耳部刻有铭文。M1：112-②，左耳刻铭为"私之十冢（重）一益卅八（货）"。M1：112-④，左耳刻铭为"少司马□□之（□寺）"，右耳刻铭为"杯大贰益冢（重）叁十（货）"。

M1：112-②

M1：112-④

M1：112-②                                      M1：112-④

罐 | 战国
1985年淄博市临淄区乙烯墓地出土
现藏山东省文物考古研究院
通高9.8、通宽11.5、口径5.9、底径6.5厘米

短直口，圆鼓腹，平底。通体素面。

罐 | 战国
1988年阳信县西北村战国墓地出土
现藏阳信县博物馆
通高8.5、口径17.2、底径9厘米

小直口，有肩，折腹缓收，平底，肩部两侧相对各饰一扁条桥形耳。

罐 | 战国
1985年淄博市临淄区乙烯墓地出土
现藏山东省文物考古研究院
通高9.5、通宽11.5、口径5.8、底径6.4厘米

短直口，圆肩，圆鼓腹，肩部有两对称环耳，平底。器身素面。

罐 | 战国
1985年淄博市临淄区乙烯墓地出土
现藏山东省文物考古研究院
通高24.3、通宽25.5、口径14.6厘米

方唇，卷沿，短颈，折肩，近球形腹，圜底。器身素面。

罐　战国

1971年诸县（现诸城市）臧家庄战国墓地出土

现藏诸城市博物馆

通高22.7、口径13.8厘米，重3.71千克

方唇，卷沿，短束颈，圆肩，圆鼓腹，小平底。颈部有一周凸箍，通体素面。

罐 | 战国
2013年淄博市临淄区稷下街道尧王村战国墓地出土
现藏齐文化博物院
通高18.5、口径6.4、底径7厘米

　　直口作子口，短颈，鼓肩，鼓腹，下腹斜收为平底，肩部置对称环耳，与
提梁相连。弧顶盖，盖沿下折作竖直母口，盖上设一对环纽，内衔活络提梁、
素面。

## 厄 | 战国

2010～2011年淄博市临淄区辛店二号墓出土

现藏齐文化博物院

通高17.7、口径15厘米

　　器呈圆筒状。直口，直腹，平底，三兽首
环形足。隆盖，盖上分置三个环形纽。素面。

厄

战国

2012年淄博市临淄区范家村墓地M113出土

现藏齐文化博物院

通高17.4、口径8.8厘米

　　器呈圆筒状。直口，直腹，平底，三蹄形矮足。隆盖，盖沿内折作内插口，盖上分置三个鸟首环形纽，腹部一侧附一鸟首环形耳。腹部自上而下饰三组五道凹弦纹，弦纹间饰三角卷云纹，三组弦纹之间饰S、X形卷云纹，足根饰简化兽面纹，盖顶饰三个圆涡纹，盖面饰三组卷云纹。

勺 战国
1991年淄博市临淄区张家庄墓地M1出土
现藏山东省文物考古研究院
通长20.3、通宽7、斗径7.2×5.8厘米

　　椭圆形，敞口，小卷沿，略束颈，深腹，圜
底。长柄，柄竹节状，上有云纹、鳞纹。

勺 | 战国
2001年淄博市临淄区赵家徐姚M1出土
现藏齐文化博物院
通长60、斗径7.4×5.4厘米

　　椭圆形，弧壁，圜底。细长柄，上端
扁平呈长条形，柄首卷曲成圈孔套一圆
环，柄下端呈绚索状与勺头相连。

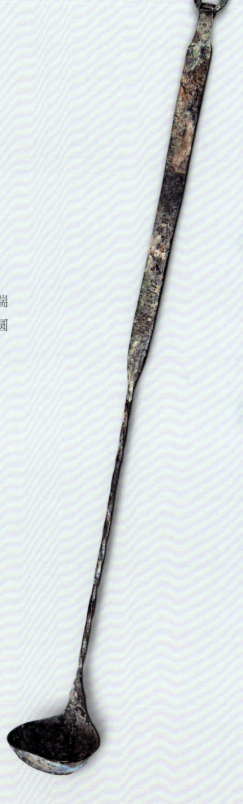

## 汲酒器

战国

1992年淄博市临淄区商王墓地M1出土

现藏淄博市博物馆

通长65.2、柄外径1.4、柄内径0.8、底径3.6、球形器腹径7.2厘米

长柄，下接平底、中空的球形器。柄外表为四节竹节形，上、下各饰一周箍状纹，柄端封闭并饰龙首衔环。球形器表饰含苞待放的荷纹，荷瓣凸出，底部中央有一圆孔，与在龙首之下第二竹节处一长方孔相互贯通。

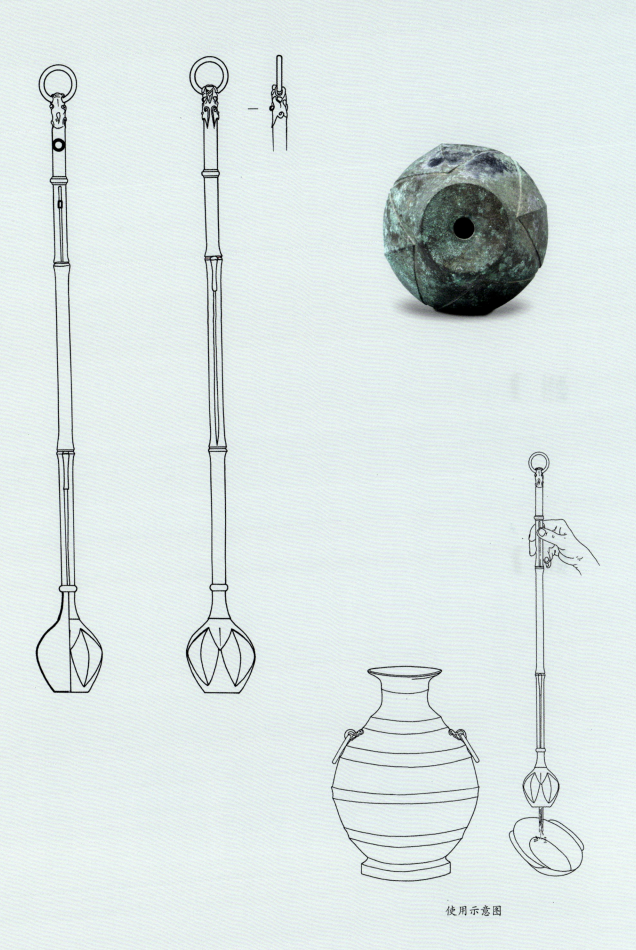

使用示意图

189

**编钟** | 战国
1982年滕州县（现滕州市）庄里西村出土
现藏滕州市博物馆
镈钟4件，纽钟9件
镈钟：通高34～40、纽高8～8.9厘米
纽钟：通高12.6～22、口径长8.7～15.8厘米

镈钟：制作精细，腔体厚实，造型一致，大小递减。于口平齐，有内唇，合瓦形腔体，铣棱略弧，舞平，双龙吞蛇形繁纽。以高棱框隔枚、篆、钲区。舞、篆饰龙纹。鼓部饰由龙纹组成的兽面纹。在每件镈正面的右铣、钲间及左铣有铸铭，四镈文字相连读，成为完整的一篇铭文，全铭共八十一字。滕皇编镈铭文："唯正孟岁十月庚午，曰古朕皇祖悼公，严恭天命，哀命鳏寡，用克肇谨先王明祀，朕文考懿叔，乙率刑法则，先公正德，卑作司马于滕，茕茕羊非敢惰祠，綝作宗彝，用享于皇祖文考，用旂吉休畯綝。子孙万年是保。"

纽钟：造型一致，大小相次。于口弧曲上凹，有内唇，合瓦形腔体，铣棱斜直，舞平，方形环纽。以绳索纹框隔枚、篆、钲区。舞饰勾连卷云纹。鼓部、篆间饰交体龙纹。

镈钟四

纽钟一

纽钟二

纽钟三

纽钟四

铸钟 | 战国
1971年诸城县（现诸城市）臧家庄战国墓地出土
现藏诸城市博物馆
本件通高50、铣间39、鼓间31厘米；
其他6件的尺寸为：通高30.2～45.5、铣间23～36、鼓间18.2～29厘米

　　下口平齐，铣部略鼓，铸钟平舞，两蟠龙状纽。周身饰龙纹、旋涡纹和云雷纹。顶部的纽龙作张口着地，龙身缠绕状，龙身有繁缛的鳞纹装饰。钲部、鼓部都有蟠螭纹，上有复杂的鳞纹装饰。钲两侧饰篆带，枚上也均有蟠虺纹装饰。下端近口部铸有铭文"堕龏立事岁十月已亥莒公孙朝子造器九"十七字。同出7件，器型、花纹、铭文相同。

<table>
<tr><td rowspan="6">镈钟</td><td>战国</td></tr>
<tr><td>2002年新泰市周家庄墓地M1出土（M1：1、M1：2）</td></tr>
<tr><td>现藏新泰市博物馆</td></tr>
<tr><td>同出2件</td></tr>
<tr><td>M1：1：通高29.1、纽高6.7、舞长14、舞宽11.2、铣间17.1、鼓间13.3厘米；</td></tr>
<tr><td>M1：2：通高36.9、纽高9.4、舞长18.5、舞宽14、铣间21.6、鼓间13.3厘米</td></tr>
</table>

　　镈体正视呈梯形，下部略大。纽部作两卷体龙相背。镈体上部左右各有三排九枚，枚作螺旋形。舞、篆部饰蟠螭纹。鼓部中间饰涡旋纹。

M1：1

铸钟 | 战国
1976年长岛县（现烟台市蓬莱区）王沟墓地出土
现藏长岛海洋生态文明综合试验区博物馆
通高22.7、铣间11.5、鼓间10.2厘米，重1.34千克

　　舞平，通饰折身夔纹，纽直而方，其下为卷云纹座，纽身饰篆纹。有枚，呈乳丁状，三排九枚一组，四面四组共三十六枚，枚间有篆，其纹为折身夔纹。钲纹繁密。鼓部通饰夔纹。

铸
钟

战国
1990年济南市章丘区女郎山战国墓地出土
现藏山东省文物考古研究院
通高26.5、铣间16、鼓间11.5厘米

平口，直铣，平舞，舞上有环形纽。口部有变形。上有蟠虺纹。

铸钟

战国
1988年阳信县西北村战国墓地出土
现藏阳信县博物馆
同出5件，形制相同，大小相次
通高24～32.5、铣间14～20.2厘米

平口，单纽，鼓部亦为素面。钲部为头尾相缠的蛇形纹。体内存泥胎内范。

战国

1992年淄博市临淄区商王墓地M2出土

现藏淄博市博物馆

同出7件，形制相同，大小相次

通高14.6～27.5、纽高4.6～8.4、舞长5.5～10、舞宽7～13、铣间8.8～16、

鼓间7～12.4厘米

　　口作弧形，铣部内敛，舞和钟腔呈扁圆形，长方形纽。枚凸起，枚上铸旋纹。纽、篆和枚间饰三角云纹和卷云纹。舞、钲和鼓部饰变体凤鸟纹，羽尾勾卷凸出钟面，凤羽之间填以细线纹和羽状垂环纹以及圆圈纹。在钟腔内壁也有模印的卷云纹和凤鸟纹，纹饰清晰，与钟面纹饰相同。

**纽钟** | 战国

1971年诸城县（现诸城市）臧家庄战国墓地出土
现藏诸城市博物馆
最大者通高37.4、铣间21.1、鼓间16.2厘米，
重8.1千克

　　合瓦形音腔，圆角方形纽。钲部和鼓部饰有龙纹和三角云雷纹。下端于部铸有铭文"墜掇立事岁十月己亥莒公孙朝子造器九"十七字。同出9件，器型、花纹、铭文相同，大小不同。

战国
1988年阳信县西北村战国墓地出土
现藏阳信县博物馆
通高23、纽高5厘米

　　单纽。鼓部为素面，纽部饰头尾相缠交的蛇形纹。钟体内存泥胎内范。一套9件，造型一致，大小相次。其中1号和7号略微完整，其余口沿都有不同程度残破，具体尺寸无法测量。

句鑃

战国

2022年淄博市临淄区西孙墓地K9出土（K9∶1）

现藏临淄区文物考古研究所

通高3、舞长9.8、舞宽2、铣间10.8、鼓间2.4、甬长3.8厘米

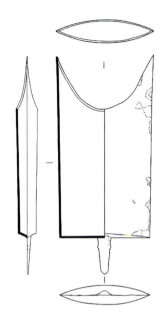

　　合瓦形，器体较扁。弧口，舞部从中间位置向外侧倾斜，甬近舞部向两侧微凸，断面一面平直，一面为弧形。部分腔体内残存陶土。

战国

1992年淄博市临淄区商王墓地M2出土

现藏淄博市博物馆

通长14.2、通宽10.3、通厚6.2、卯孔长7.1、卯孔宽2.2厘米，分别重1.3、1.27千克

长方体，一端有长方形銎以镶木架横木，另一端饰蝴蝶形卷云纹。其余四面，有三面饰卷云纹，在每面纹饰四周均饰宽带弦纹，无纹饰的一面有长方形卯孔。孔侧刻"□陵夫人"四字。

剑 | 战国
1997年淄博市临淄区齐都镇龙贯村淄河出土
现藏齐文化博物院
通长58.9、通宽4.9厘米

　　剑身修长，中脊呈直线状微隆，两从较宽，微
斜而凹，下端平，脊延长为茎，无格无首。剑身有
八字铭文："郾王职作武口旅剑。"

剑 | 战国
莱阳县赵旺庄公社大淘漳大队
（现莱阳市照旺庄镇大淘漳村）出土
现藏烟台市博物馆
通长56.2、通宽4.5、刃厚1厘米

剑身狭长，前端收，剑柄呈扁方形。剑脊饰鲨
鱼皮纹，剑格原有镶嵌物，现已脱落。

剑 | 战国
2002年新泰市周家庄墓地M1出土（M1∶53）
现藏新泰市博物馆
通长54.2、通宽4.8、脊厚1.1厘米

器身较长，前三分之一处明显内收，凸棱脊，脊两侧有宽约0.4厘米的铜条加强筋，扁茎，与剑身同脊，脊线上饰一乳丁。剑身残留朽木痕。

剑 | 战国
馆藏
现藏安丘市博物馆
通长34.7、通宽4.3厘米

　　尖锋，剑身前端、近后端均稍内收，后端较宽，脊部凸起一条宽凸棱，茎粗短、扁平状。

剑 | 战国
1991年海阳县（现海阳市）郭城镇古现村出土
现藏海阳市博物馆
通长44.7、通宽4.3、柄长8.2厘米

　　剑身较长，前端内收，中脊高起成凸棱。剑茎和剑身之间有一道凸起来的"格"，圆首。剑身饰鱼翅纹。

剑 | 战国
1973年莒南县黄庄出土
现藏莒州博物馆
残长15.3、通宽3、通厚0.7厘米

锷及茎部残断，仅存剑身。剑身横断面呈扁六角形，脊扁平，刃平直，无剑首，茎作扁条状。表面有光泽，刃部有使用痕迹。剑身白上而下刻两行十八字铭文："十年𥔲=（𨑭工）啬夫杜相女（如），左𥔲（𨑭工）工师韩阳，冶尹朝拔斋（剂）（一）𥔲=（𨑭工）考释。"

铍 | 战国
馆藏
现藏济南市博物馆
残长22.9、通宽3.3厘米

器身平直，两面刃，断面呈六角形，
扁茎有一穿。平脊之上，铭文两行二十
字，字极细小。1965年由商承祚先生释为
"元年，相邦建信君，邦右库□，段工币
（师）吴□，冶□□斋（齐）"。上半截
残缺。

铍 | 战国

1966年诸县（现诸城市）近贤村三队出土

现藏诸城市博物馆

通长36.8、脊长30.2、厚0.6厘米，重0.25千克

尖锋，两面刃，剑身修长，中部起脊，延伸至剑柄，扁状柄。

殳 | 战国

2003年新泰市周家庄墓地M32出土

现藏新泰市博物馆

殳首高5.3、銎径2.4厘米；殳镦高13.4、

銎径2.7厘米；殳环4个，内径2.9~3.2厘米

包括殳首、殳镦和殳环。

殳首：扁圆，顶部近平，有两圆孔，筒状銎，中部有两对称钉孔。首顶面饰多边形星纹，边缘饰树木纹，筒状銎饰云纹和蟠螭纹。

殳镦：长筒状，上端稍粗，中上部有一道箍，饰双绳索纹，箍上部饰三角几何纹，以篦点纹为地纹，纹饰间有两个对称钉孔，箍下部浅浮雕两条蟠龙纹，龙身和尾交缠在一起，纹饰精美。

殳环：位于殳首和殳镦之间，自上而下渐大。

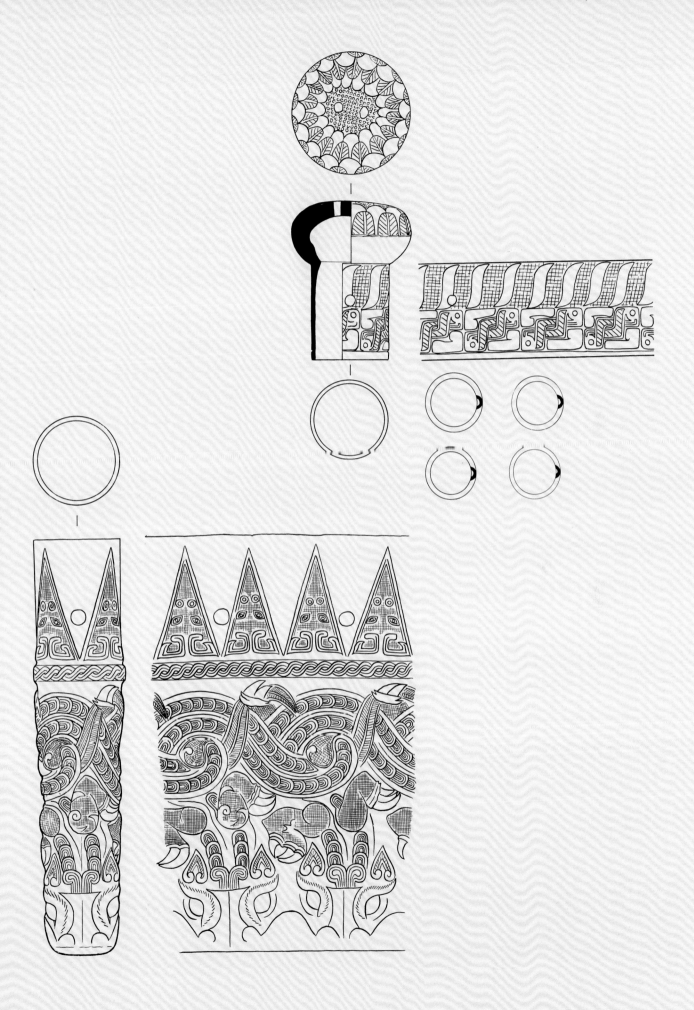

钺 | 战国
滕州市张汪镇皇殿岗村征集
现藏滕州市博物馆
通长25.5、通宽34厘米

半圆形刃，弧形，双面刃，深銎。

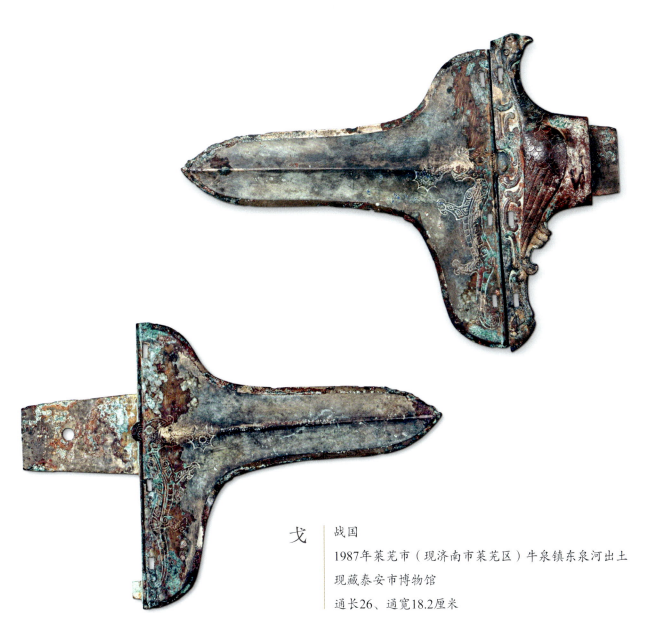

戈 | 战国
1987年莱芜市（现济南市莱芜区）牛泉镇东泉河出土
现藏泰安市博物馆
通长26、通宽18.2厘米

　　尖锋，短直援，中脊凸出，短直内，内上有雀形
銎，双飞翼形胡，刃延伸到胡部，戈和銎上各有六穿。
銎为浮雕雀形，形象鲜明，羽毛均刻划出来。胡上有线
刻虎纹，虎口大张，似口吐火球之状，虎身及四肢布满
云雷纹及短直线纹。

戈 战国
　　1989年潍坊市临朐县五井镇五井西村出土
　　现藏临朐县博物馆
　　通长15.7、援长9.8、内长5.7厘米，重126克

　　戈援微上翘，无脊，内平直，上有一长方形穿，胡下部少许
残断，阑边三穿。内正面穿后铸有铭文"高子戈"三字。

戈 | 战国
1986年滕县（现滕州市）庄里西墓地出土
现藏滕州市博物馆
通高27.3、通宽13厘米

尖锋，呈三角形，长援上扬，中部起脊，援部截面为菱形，内为斜角长
方形，有一穿，有下阑，阑侧边有三穿。阑侧铸铭文七字："虏台丘子休
之觥。"

戈  春秋

1991年滕州市薛国故城遗址出土

现藏山东省文物考古研究院

通长26.5、通宽13、通厚1.1厘米，重0.27千克

　　尖锋，长援略下垂，长条形内略上翘，尾端圆弧，有刃，短胡，内部有一个长条形穿，阑侧有三个长方形小穿。胡部有铭文六字："薛侯定之徙戈。"

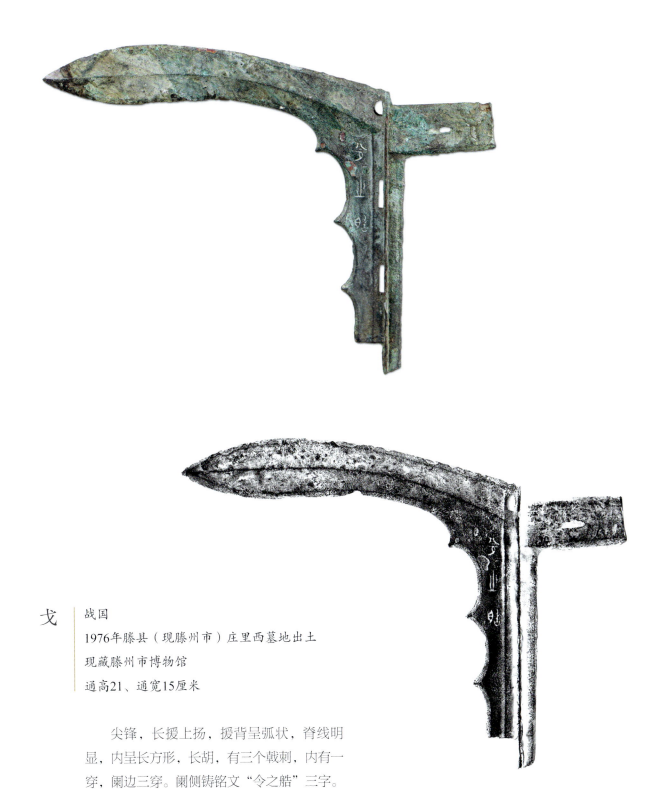

戈

战国

1976年滕县（现滕州市）庄里西墓地出土

现藏滕州市博物馆

通高21、通宽15厘米

尖锋，长援上扬，援背呈弧状，脊线明显，内呈长方形，长胡，有三个栽刺，内有一穿，阑边三穿。阑侧铸铭文"令之艁"三字。

戈 | 战国
1981年莒县城阳镇桃园村出土
现藏莒州博物馆
通长24、援长15、内长9、胡长10.5厘米

　　尖锋，长援略上扬，长条形内，上、下皆有刃，尾端亦有弧刃，靠近阑部有一穿，长胡，阑部有三穿。内尾端残缺，援部使用痕迹明显，刃部有崩残。戈内正面后部有刻铭三行，共二十二字。铭文为："十年洱阳伦（命）长正司寇甹（平）相左库工师重（董）枼（棠）冶明无（模）钎（铸）戜（载）。"

戈 战国

1977年新泰县（现新泰市）翟镇崖头河出土

现藏新泰市博物馆

通长32.6、内长12.6、内宽3厘米

　　尖锋，长援上扬，援中部隆起，横截面呈纺锤形，长内有刃，外端斜折，上有一穿，长胡，下端平直，阑侧三穿。胡部铸有铭文三字"柴内右"。

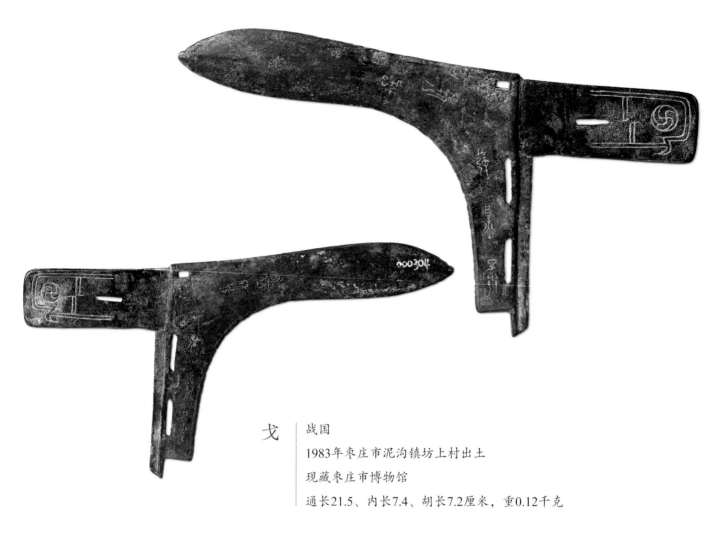

**戈** | 战国
1983年枣庄市泥沟镇坊上村出土
现藏枣庄市博物馆
通长21.5、内长7.4、胡长7.2厘米，重0.12千克

　　尖锋，援上昂，援中有脊，直内，中部有一横长条形穿，饰双线勾边纹和圆涡纹，短胡，阑侧三穿，上端一穿为横长方形，下端二穿为纵长条形。该戈原援前端缺失，现修复完整。两面的援及胡部铸有鸟虫书铭文，一面援部残存二字，胡部三字，另一面援部残存二字，胡部三字。

戈 | 战国
陈介祺旧藏
现藏潍坊市博物馆
通长18.6、通宽13.9厘米，重2.14千克

　　援部前伸，戈内上边郭呈三个台阶状，胡部宽度与援身相应，两刃相交呈平滑弧形，下端平齐，与阑齿相交呈近直角，阑侧三穿。胡上有纵行铭文"车大夫长画"，其中"大夫"为合文。戈内、首少残缺，上下弧刃各有不等齿状缺口，援身正反面均留有斑驳痕及锈色。

戈 | 战国
　　馆藏
　　现藏潍坊市寒亭区博物馆
　　援长11.2、援宽2.1厘米，内长7.5、内宽2.3厘米，胡长7.2、胡宽2.2厘米

　　尖锋，长援上翘，胡部较短，长方形内、尾部有折角。胡、阑部有残缺。
内上有铭文"武城戈"三字。

戈 | 战国
1975年废品站拣选
现藏青州市博物馆
通长21、通宽9.5厘米，重0.223千克

尖锋，长援未见起脊，长方形内，尾端圆弧，短胡。下刃到胡部有铭文：
"陈胎之右户戈。"

戈

战国

馆藏

现藏青州市博物馆

通长18.5、通宽7厘米，重0.142千克

　　尖锋，长援未见起脊，长方形内，尾端圆弧，短胡残缺。在内上有铭文
"工城佐逆昌卯戈"。

矛 | 战国
1986年泰安市宁阳县南驿镇南贤村出土
现藏宁阳县博物馆
通长21、骹口径2.7、锋宽2.8厘米

　　刃较锋利，中脊起棱，双翼有血槽，骹较长，圆筒形内空。骹上有两面对穿圆孔，一面铸有铭文，不识。

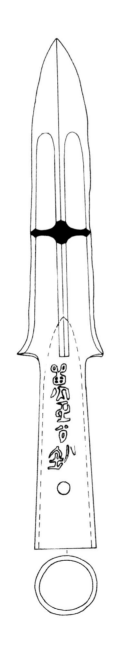

矛 | 战国
滕州市庄里西墓地M47出土（M47：1）
现藏山东省文物考古研究院
通长18.1、通宽2.8厘米

　　尖锋，长刃，长骹。骹部正、反两面
有细阳线纹饰，骹部正面有一环纽。

镞 | 战国
1976年栖霞市亭口镇杏家庄村M2出土
现藏栖霞市牟氏庄园管理服务中心
通长7、通宽1.1厘米，重0.012千克

　　瘦长柳叶形，长锋，剖面呈棱形，两翼较长，作倒刺状，双刃锋利，实心圆形长铤，下端减细，右叶面竖写单线细刻铭文"邻锺"二字。保存状况一般。

胄 | 战国
　 | 征集
　 | 现藏淄博市博物馆
　 | 通高20厘米，重1.9千克

　　上部呈半球形，顶部铸一半环纽，左右两侧下垂稍外撇形成护耳，两侧下部有系带穿孔。

明
器 | 战国

1977年长清县（现济南市长清区）岗辛村战国墓地出土

现藏山东省文物考古研究院

同出7件，分别为铜匜、铜鼎、铜盒、铜罐、铜盘、铜钫、铜壶

铜匜：通高3.6、通长10、通宽9.3厘米

铜鼎：通高4.6、通宽7.8厘米

铜盒：通高4.1、通长9.2、通宽9厘米

铜罐：通高7.4、通宽7.5、口径4.7厘米

铜盘：通高1.7、通宽9.1厘米

铜钫：通高13.7、通长6.2、通宽6厘米

铜壶：通高12.7、口径7、底径4.1厘米

均为实心，器型较小，造型简洁，素面。

**锛** | 战国
1989年寿光县（现寿光市）岳寺李村出土
现藏寿光市博物馆
通长11.2、通宽3.9、通厚2.8厘米

　　扁平长条形，平顶，弧形两面刃，长方形銎。正反
面有长方形孔。靠近銎铸铭"右司工"三字。

铲 | 战国
1988年阳信县西北村战国墓地出土
现藏阳信县博物馆
通长27、刃宽17.7、铲长19.5厘米

空心圆柱形柄，柄上有一方孔铲呈箕形，布满菱形镂孔。

铲 | 战国
1988年阳信县西北村战国墓地出土
现藏阳信县博物馆
通长13.6、刃宽7.6、铲长7.2厘米

圆肩，双面刃微弧，梯形长柄，方形銎。

削 | 战国
1992年淄博市临淄区商王墓地M1出土
现藏淄博市博物馆
残长21.8、刃宽1.5厘米，重56克

    环首直柄，刃部微曲，柄部较刃部窄，刃断面呈等腰三角形。刃首残断，柄端以金箍包白玉环。

簸箕 战国
1991年淄博市临淄区张家庄墓地M1出土
现藏山东省文物考古研究院
通高8.8、通长29、通宽34.6厘米

作大口簸箕状。敞口、斜腹、平底。尾部有一圆纽,内附圆环。

马
饰

战国
1992年淄博市临淄区商王墓地M1出土
现藏淄博市博物馆
通长8.5、通宽4.5、通厚0.9厘米，重0.031千克

　　长三角形。凸面浮雕双龙，龙首外向，身体互相缠绕呈8字形，从头至尾，由宽渐窄，凹面中间有一个半环纽。表面鎏金。

灯 | 战国
2010年淄博市临淄区辛店二号墓出土
现藏齐文化博物院
通高22、灯盘径18.8×15.6厘米

　　整体作立兽举灯盘形。灯盘呈圆角方形，镂空莲花状卷沿，浅腹，平底。灯柱由坐兽和双蛇组成，兽作吐舌回首状，兽前肢向上曲身，双爪握住蛇首后端，卷尾。灯座由五条蛇组成，均昂首，蛇身缠绕在一起。兽首、蛇身刻划清晰。

**灯** 战国

1992年淄博市临淄区商王墓地M1出土

现藏淄博市博物馆

通高13.2、盘径16.6、足径11.8厘米

　　灯盘为圆形，敞口，壁内弧，浅盘，平底略下凸，粗柄，中腰呈葫芦形隆起，喇叭形圈足，盘中央有一锥形烛柱，在盘底一侧伸出一圆柄，柄上铸一小鸟，低首引颈，口衔盘沿，两翅并拢，尾部上翘并呈扇形散开，适于手把持。鸟足用一铜销固定于柄上，可以转动，鸟身可以铜销为支点首尾上下撬动。小鸟全身刻画纤细的羽毛，神形兼备。

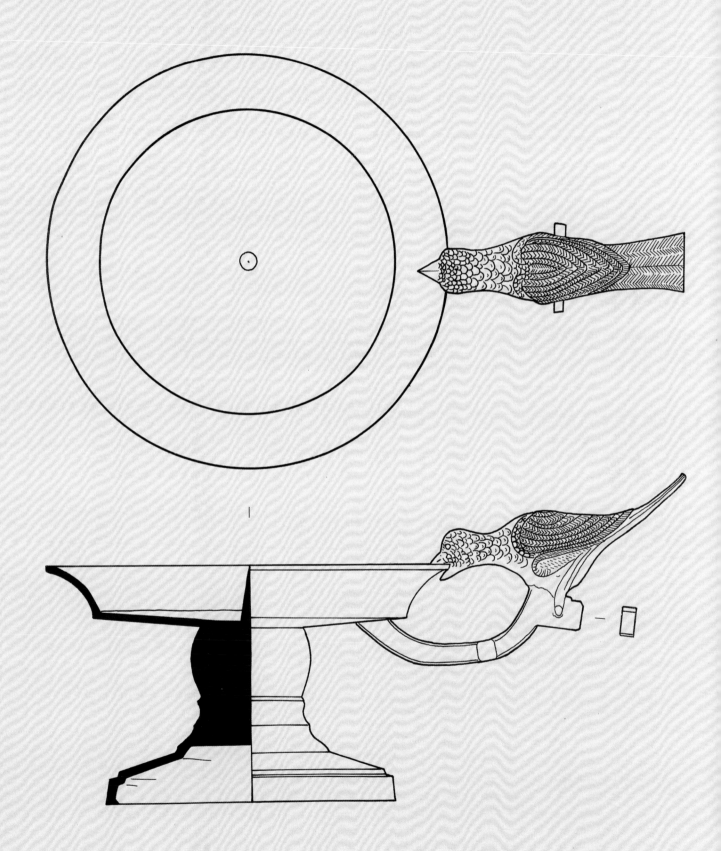

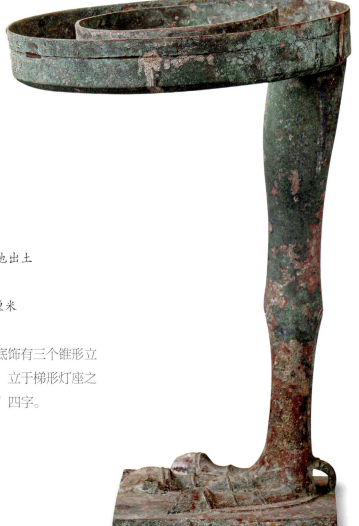

灯 | 战国
1992年淄博市临淄区商王墓地出土
现藏齐文化博物院
通高36、盘高3.4、底座厚6厘米

　　灯盘为平底圆环形，盘底饰有三个锥形立柱，呈三角排布，雁足形柄，立于梯形灯座之上。趾蹼间刻有"趚陵夫人"四字。

炉 | 战国

1992年淄博市临淄区商王墓地M1出土

现藏淄博市博物馆

炉体通高11、链长74.8、口边长34.7、底边长31.2厘米

　　方形，直口，浅折腹，平底，四角各有一个人形足，在口沿四角各伸出一龙首衔环，与双首龙身链索式提梁相连。四个人形足形制相同，均人面鸟喙，头戴尖鼻式蒙古帽，身穿短裤，圆腹和肚脐外露，两臂向前弯曲抱腹，肩部有双翼向后伸展，下肢粗壮，五趾分明，两脚并立作支撑状，身体左侧与炉体相连。

炉 | 战国
1966年诸县石埠子公社（现安丘市石埠子镇）葛布口村东河岸出土
现藏诸城市博物馆
通高8.8、口径25、厚0.7厘米，重3.21千克

　　圆形浅盘状。方唇，窄折沿，直腹，平底，下接三兽蹄形足，器身外壁对称铸双耳，双耳穿铜环与两侧的提梁相接，铜梁中部均为弓形梁，作双龙首形，龙首作张大口状，衔两侧由圆环组成的链。龙首和龙身均有直线纹、鳞纹装饰，腹身外壁饰羽状和涡形纹，足与炉底相接处，饰兽首，装饰精细。

量 | 战国
1992年淄博市临淄区永流乡刘家庄出土
现藏山东省文物考古研究院
通高10.1、通长24.2、口外径13.9、底径10.2、
柄长10.4厘米

　　为带柄圆斗状。敞口、平沿、斜直腹、平底，圆柱形长柄向外平出，柄端下侧略粗，与器相连接处顶面有一方形铸片，上端跟器沿齐平。器为左右两范合铸，柄、腹、底外侧留有范痕及加工修整痕迹。铭文位于柄右侧腹部，为"㿻宫乡郗里"五字。

量 | 战国
1992年淄博市临淄区永流乡刘家庄出土
现藏山东省文物考古研究院
通高6.1、通长14.8、口外径8.1、底径5.7、
柄长6.8厘米

　　为带柄圆斗状。敞口，平沿，斜腹，平底，有一圆杜形长柄向外平出，柄端下侧略粗，与器相连接处顶面有一方形铸片，上端跟器沿齐平。器为左右两范合铸，柄、腹、底外侧留有范痕及加工修整痕迹。铭文位于柄右侧腹部，为"荼宫乡𣲘里"五字。

投壶 | 战国
1971年诸县（现诸城市）臧家庄战国墓地出土
现藏诸城市博物馆
通高35.1、口径18.6、底径19.9厘米，重9.65千克

　　壶身为直筒形，壁外侧装饰有两个对称的铺首衔环耳，底部为二层台式的
高圈足。中部和足部饰镂空透雕的蟠螭纹和龙纹。

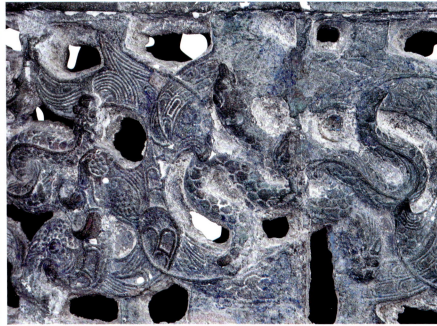

镜 | 战国
2010年淄博市临淄区张家庄墓地出土
现藏齐文化博物院
直径12.6、厚0.2厘米

　　圆形。桥形纽，镜面平整。镜背绘制朱红纹饰，内、外两区纹饰由一周红色圈带纹分开。两凤鸟纹分布在镜纽两侧，用朱红色勾勒出凤鸟的轮廓，凤首与镜纽相接，凤目圆睁，鸟喙下部连接一红彩绘制的实心逗号，似为一枚果实。用简单的线条描画出凤鸟的形态：颈部弯曲至背部，果实置于背部，只描绘出左翼，左翼展开，翼尾端近似弯月形，尾部较长，于末端分为两部分，双尾之间涂以红彩。外区为两周朱红色描绘的单线圈，内用朱红色单线绘制五边形，五角形的内角处及折线外侧中间均用红色涂绘弯月形云纹，镜缘涂一周宽带朱红彩。

镜 | 战国
1963年临淄县（现淄博市临淄区）商王庄村出土
现藏山东博物馆
直径30厘米

　　圆形。镜背面以金丝和绿松石镶嵌出云纹图案。九枚银质铆钉安排在穿越镜心的四条等分线上。镜缘有等距分的三小纽，纽上各穿一小铜环。此镜图案结构严谨，图形精密，做工精细，金银、绿松石、银乳丁与青铜本色交相辉映，华丽无比，是战国青铜镜的代表之作。

镜 | 战国
2011年淄博市临淄区稷下街道刘家墓地出土
现藏齐文化博物院
边长13.2、厚0.2厘米

　　正方形。桥形纽，圆纽座，座外饰四柿蒂纹。内区由四圆圈将八条透雕的龙分隔成四组，两两成组，每组有一龙首靠近镜角，口含镜缘，另一龙首与圆圈相接，身躯弯曲呈扁圆形，龙身弯曲处与柿蒂尖相接，每组两条身躯相互缠绕，尖尾内卷并与龙爪处身躯相接。四组图案相同，乃同一图案连续旋转90°而成。镜缘宽平，四角各有一圆涡纹。镜面平整光洁，略小于镜背，恰好嵌入镜背凸起的边缘内，铆合为一体。

镜 | 战国
2010年淄博市临淄区张家庄墓地出土
现藏齐文化博物院
边长19.5、厚0.3厘米

　　正方形。三弦纽，纽衔圆环。镜背绘制朱红、白色和淡蓝色彩绘图案，主纹为盘龙纹。镜纽与边框之间装饰四组用朱红色和白色绘制的龙纹，龙首长吻张口，圆目，双耳，头上有独角，吻部与淡蓝色卷云纹相连，龙身身躯呈盘曲涡旋状，整条龙盘旋卷曲。四条卷曲的龙躯内各有一朱红彩描绘的同心圆圈，围绕中间小圆环均匀分布四个T形图案，用白色描绘。圈外与龙身之间绘制朱红色似伞状的图案。镜纽外有朱红色复线描绘的不规则方框，复线间填涂淡蓝色斜线纹，方框叠压在龙纹之上。

　　镜纽上、下分别有一蝙蝠形图案，用朱红色涂绘而成，尖首朝向边框方向，与从边框向内伸出的朱红色圭首形图案的顶端相对。蝙蝠头部左右两侧伸出两条相对外卷的云纹，用淡蓝色涂绘，圭首形图案左右两侧伸出的相对外圈的朱红色云纹与其相背，且圭首形图案两侧外卷的云纹边缘饰白色花草纹。上、下龙纹之间方框外侧用朱红色和白色绘制两尖角相对内卷的牛角形纹饰，与牛角形图案相对的方框宽边内绘制有朱红色云纹，呈弯月形。镜缘内侧边框内是由朱红色内涂淡蓝色的复线和白色单线组成的连续性菱形纹。镜缘涂一周朱红彩。

带钩

战国

1992年淄博市临淄区商王墓地M2出土

现藏淄博市博物馆

通高2.1、通长8.9、通宽3.5厘米，重0.031千克

长条形钩体，钩身细长。上绕一S形龙纹，并饰斜线组成的三角纹，钩尾透雕一凤一龙。原有鎏金，脱落严重。

带钩

战国

1992年淄博市临淄区商王墓地M1出土

现藏淄博市博物馆

通高1.6、通长7.5、通宽3.7厘米，重0.016千克

长条形钩体，钩身细长。钩首为兽首，保存不佳。钩尾为左右对称形如蝴蝶的云朵纹，嵌绿松石。纽部断裂。原有鎏金，脱落严重。

带钩

战国

1992年淄博市临淄区商王墓地M1出土

现藏淄博市博物馆

通高1.9、通长10.4、通宽1.7厘米，重0.043千克

　　琵琶形钩体。钩首作兽首，钩身浮雕一螭虎立一动物身上，动物一趾支虎首，一趾抓虎颈，仰身作挣扎状。钩身镶嵌绿松石。原有鎏金，脱落严重。

带
钩

战国
1992年淄博市临淄区商王墓地M1出土
现藏淄博市博物馆
通高1.7、通长8.2、通宽2.8厘米，重0.026千克

　　钩体呈长颈孔雀形。钩身饰一人面鸟喙神人，额中嵌一圆形绿松石，双手上举作握持状，臂生双翼，钩尾为夸张的八字形孔雀尾装饰。双翼镶嵌绿松石。

带
钩

战国
兖州市五里庄村出土
现藏兖州市博物馆
通长15厘米

　　琵琶形钩体。钩短，作鸟首形，下有圆柱，近于一端。钩身施松绿石，错金，饰螭首纹。

印 战国
青州市谭坊镇李家庄村村民陈维学捐赠
现藏青州市博物馆
通高5.7、直径3.3厘米，重0.124.5千克

圆筒形身。玺面阳文"左桁廪錄"。

印 ｜ 战国
1973年五莲县街头公社（现街头镇）迟家庄出土
现藏五莲县博物馆
同出8件，形制、大小稍有不同
通高7.3～8.2、通长2.6～3、通宽2.4～2.9、筒外径3.2～4、筒内径2.2～2.9厘米

玺面形制均为方栏凸起，阳文"左桁正木"四字。有两方玺印与其他文字
内容相同，字体结构不同。玺体下端近方形，稍上变为圆筒状，筒上端外周为
凸箍。

第一件

第二件

第三件

第四件

第五件

第六件

第七件

第八件

269

印 | 战国
1992年淄博市临淄区商王墓地M1出土
现藏淄博市博物馆
通高1.6、通长2.7厘米，印面长1.4、印面宽0.5厘米，重0.003千克

　　长方形，上部有一凹槽和小孔，从孔内朽木分析，凹槽和小孔是用以镶木纽的，印尾有一螭形纽，双面有刃。印文为阳文"音子"二字。

**璜形饰**

战国
1984年济南市长清区孝里镇东风电灌站出土
现藏长清区博物馆
通长8厘米

　　璜形片状，两端为龙首饰，中部有穿孔。璜体正反两面均有相同纹饰，每面以居中网格纹为中心，两侧分别为三角纹、扇形雷纹、波浪纹等。应是作为棺饰使用。

**铜片**

战国
1973年长岛县（现烟台市蓬莱区）王沟墓地出土
现藏烟台市博物馆
通长7.5、通宽0.72、通厚0.02厘米

　　薄片，窄长方形，一端有穿。刻鱼纹。

**圭形器** | 战国
2022年淄博市临淄区西孙墓地K1出土（K1：10）
现藏临淄区文物考古研究所
通高22.5、通宽3～3.3、通厚0.1厘米

　　整体为扁平长条形，顶端为三角形，末端齐平。与玉圭形制
相同。

 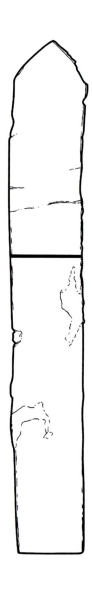

铺首

战国

1991年新泰市城里村砖厂出土

现藏新泰市博物馆

同出4件

通长30.5、通宽22.2、环径17厘米

　　铺首主体为双体龙，目、耳、角表现较为凸出，口鼻部铸成半环形与衔环套接，身体左右分开，分别与两边的龙相互缠绕。龙身均有细密的鳞片。背部有插钉。

铺首

战国
1991年淄博市临淄区张家庄墓地M1出土
现藏山东省文物考古研究院
通高6.5、通长18.5、通宽14.3厘米

作兽首张口衔环状，兽首作浮雕状，口、鼻、须明显。周围为蟠螭纹。背后有插钉。

羊 │ 战国
　　1978年平阴县孝直镇张庄村出土
　　现藏平阴县博物馆
　　通高9.7、通长14.5厘米，重1.25千克

　　呈俯卧姿。双角竖起，回首瞪目直视。整体形象写实，神态生动，温驯可爱。周身镶嵌蝌蚪状绿松石。头部有裂纹。

马 | 战国
1978年平阴县孝直镇张庄村出土
现藏平阴县博物馆
通高15、体长15厘米，重1.1千克

马头腹部中空，四蹄为实足。周身刻画有简单的线条纹饰。底有字，暂未识别。膘肥体壮、四肢有力。

马 | 战国
1983年东营市广饶县小清河出土
现藏东营市历史博物馆
通高14.5厘米，重0.88千克

马头腹部中空，四蹄为实足。周身刻画简单的线条纹饰。昂首端立。